정조 / 화성 / 행궁
text 읽기

조덕근

도서출판 시간의물레

정조 / 화성 / 행궁

text 읽기

華城

조덕근

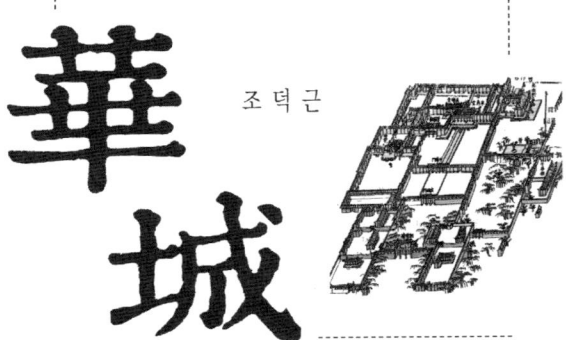

시간의물레

Contents

머리말 (8)

들어가는 글 (12)

I. 華城화성이라는 이름의 유래

1. 화성이라는 이름의 유래 (16)
* 방화수류정과 화성 (24)

II. 화성 읽기

1. 각건대 (28)
2. 포루 (45)
3. 방화수류정 (51)
4. 공심돈 (72)
5. 화홍문 (77)
6. 사대문 - 서장대 - 봉돈 (90)
7. 봉돈 (96)
8. 오성지들과 봉돈 (100)

9. 서장대-동장대 (106)

10. 서노대와 동북노대 (116)

11. 치 (119)

12. 화양루 (121)

13. 종각 (129)

14. 포사 (133)

15. 각루 (136)

16. 화성의 두 용 (138)

17. 화성과 음악적 아름다움 (141)

18. 웅장하고 화려하게, 기가 꺾이게 (144)

19. 옹성을 보며 (146)

III. 화성 행궁 읽기

1. 미로한정 (153)

2. 노래당 - 득한문 - 장춘각 - 미로한정 - 득중정 (155)

3. 노래당 - 난로문 - 가풍문 (158)

4. 낙남헌 (161)

5. 중양문 - 좌익문 - 봉수당 (163)

6. 봉수당 (166)

7. 서장대 - 중양문 - 봉돈 (168)

8. 신풍루 - 장락당 (170)

9. 노래당 - 복내당 (172)

10. 유여택 (174)

11. 공신루 (177)

12. 경룡관 - 지락문 (179)

13. 어천문 - 삼수문 (185)

14. 빈희문 (187)

15. 우화관 (190)

16. 기층헌 (192)

17. 구여문 - 건장문 (196)

18. 향춘문 - 연휘문 (198)

19. 경화문 (201)

20. 서리청 - 집사청 (203)

21. 신풍루 - 남·북군영행각 - 品품 자 나무 (206)

22. 신풍루 - 득한문 (210)

23. 중약문 - 외정리아문 (214)

24. 신풍루의 삼태극문양 (217)

25. 유여택 뒤의 취병 (220)

26. 득중정과 방화수류정 (222)

27. 閒한과 間간의 의미 : 득한문 - 미로한정 - 득중정 - 장춘각 (225)

28. 중영문 (228)

29. 득중정지 - 용연 (230)

30. 득중정의 득중의 의미 (233)

나가는 글 (234)

참고문헌 (236)

정조 / 화성 / 행궁
text 읽기

華城

조덕근

시간의물레

머리말

　작년 5월 장인어른과 장모님을 모시고 봄나들이 삼아 화성을 (부끄러운 일이지만) 난생 처음으로 찾아 창룡문 문루에서 서장대 쪽을 바라볼 때 큰 어미 새의 품에 안긴 듯한 화성의 평온함과 고매함이 두 번 세 번, 지난 일년동안 아주 여러 번 나를 화성으로, 화성 행궁으로 이끌었다. 그 큰 어미 새는 정조가 읽으면 가슴속이 상쾌해진다고 했던 저 『莊子장자』에 나오는 鵬붕 새였을까. 화성을 거닐고 여러 전적을 살피면서 정조의 표정이 읽힐 듯도 하고 그 향취가 맡아질 듯도 하고 행궁의 문들을 지날 때 그 말소리가 들릴 듯도 했다. 화성/행궁의 건축물들과 성곽은 말 그대로 '현존'하며 언제나 나를 맞아주었고 이야기를 들려주었다. 각건대에서부터 행궁의 미로한정 까지 두루 두루 읽히고 해석이 되는 것이 희한했다. 화성의 저자와 텍스트 사이의 대화가 감지되었고 정조의 인간적인 면모와 그의 이상과 좌절과 그 핍진한 현실인식과 그가 도달했을 그 사이[間]의 사상에 놀라지 않을 수 없었다. 마침 바울의 로마서와 아감벤(G. Agamben)의 로마서

주석 *The Time That Remains*를 道伴도반 권순복과 함께 읽으면서 '경계' 혹은 사이[間]에 대한 생각을 함께 정리해 나가는 와중에 得閒門득한문과 未老閒亭미로한정과 마주하게 되었을 때, 이런 것들을 설계하고 명명한 정조와의 만남은 경이로운 체험이었다. 바울-아감벤-정조-장자와의 새로운 만남은 중첩되면서 인류의 지향점을 알려주는 듯했다. 일면식도 없지만 아감벤 선생을 모시고 화성의 각건대에서부터 화성을 한 바퀴 돌고 행궁을 거닐고 득한문을 나서 미로한정에 이르는 길을 걸으며 정조 이야기를 나누면 어떨까 하는 생각을 하며 스스로 미소를 지었던 적도 있다. 역시 뵙지 못했으나 화성 성곽의 안팎을 걸으면서 스승 정조에게 인간 세상의 호락호락하지 않은 현실과 그 사이[閒=間]에 무한으로 펼쳐지는 꿈과 이상에 대하여 나의 의견을 이야기한 것 같은 착각에 또 미소를 짓곤 했다.

내가 화성 읽기를 책으로 썼다는 이야기를 처음으로 발설한 대상인 아들 容浩용호는 원고를 읽으며 날카로운 비판을 하면서 곧바로 나와 함께 화성으로 가서 같이 사진을 찍었고, 딸 麗景여경은 도서관에서 비서처럼 수행하며 즐거운 동행이 되어주었고 봄볕 같은 기쁨을 안겨주었다. 아내 이상국은 곧바로 원고 전체를 기꺼이 읽어주고 용기를 북돋워주었다. 늘 감사하고 또 감사한다.

평생을 장사꾼으로 사셨던 할아버지는, 나도 내 자녀들에게 그랬듯이, 곳곳을 다니시며 아마도 당신이 가보고 싶으셨던 곳을 어린 내 손을 잡고 데려가시곤 했다. 남대문이며 경복궁이며 비원이며, 아득한 봄날과 같은 날들이 지나가고 있지만 할아버지의 거친 손길은 여전히 생생하다. 화성과 행궁을 답사하면서 할아버지와 정조가 겹쳐 보였던 적이 한 두 번이 아니었다. 할아버지의 믿음과 정조의 소망이 만나는 지점이 어디인지 그 향기는 맡아질 수 있는 것인지.

문학과 역사와 철학이 별개가 아니라고 여기고 여기까지 왔는데 정조의 화성/행궁이라는 텍스트는 나로 하여금 예술과 건축과 도시와 정치 따위도 역시 별개가 아니라는 확신을 주고 있었다. 이 모든 일은 성경 텍스트를 원전으로 정밀하게, 영도(零度, zero degree)에서 읽으며 내 나름대로의 텍스트를 써 왔던 그 일의 연장선상에서 일어난 것이었고, 이 일은 나로 하여금 또 다시 텍스트 앞에 아무것도 없이 서야 한다는 생각을 하게 해주고 있다. 내가 유대학 박사이신 이수민 선생님에게서는 유대문헌 원전 읽기를 배우지 않았지만 이수민 선생님이라는 존재는, 말하자면, 선생님의 가방을 들어드리기만 했지만, 나로 하여금 스스로 독학으로 유대문헌 원전 읽기로 나아가게 하기에 충분했다. 정조대왕도 마찬가지, 정조대왕이라는 존재는 그분이 존재했었다는 사실만으로도 예술과 도시와 건축과 정치와 역사와 문학과 철학과 사회를 관통하는 주제에로 겁 없이 나아가는 데 충분히 격려가 되었다.

정조와 그의 텍스트인 화성/행궁을 이른바 '영도의 읽기'로 읽는 가운데 드러나는 정조의 생각의 일단을 보여주려고 이 책을 쓰게 되었다. 정조/화성/행궁의 관계망 속에 얽혀있는 의미, 의미의 의미를 나의 언어로 써보았다.

무모한 시도를 하고 있는 듯한 무명의 정조/화성 연구자의 제안에 좋은 책으로 만들어주시겠다고 화답하시고 아담한 책으로 빚어주신 시간의물레 출판사 권호순 대표님께, 그리고 저자의 의도를 십분 이해하고 난삽한 도판까지 깔끔하게 정리해 준 진현수 실장님께 고마움을 전한다.

2017년 6월

염곡동 너머 구룡산 아래 廉九齋염구재에서

조덕근 씀

들어가는 글

하나의 텍스트(text)가 있고, 그 텍스트는 해석을 기다리고 있다. 하나의 시 텍스트를 놓고 여러 해석이 가능한 것은 상식으로 되어 있다. 시인이 작품을 쓸 때에 가지고 있는 생각과 의도는 실제 작품으로 완성되어서 하나의 텍스트로 독자에게 주어지면 시인 자신의 의도와 생각을 독자에게 강요할 수 없게 된다. 독자는 독자 편의 생각과 의도를 가지고 텍스트를 해석하게 되고 그것은 정당한 것으로 여겨진다. 다만 인상비평과 같이 주관적이고 비논리적인 읽기가 아니라 논리적이고 맥락을 무시하지 않는 읽기여야 한다는 점은 유의해야 할 것이다.

화성과 화성 행궁은 궁궐이 포함된 도시로서는 역사상 유례가 없을 정도로 완결된 단일한 텍스트이다. 설계에서부터 완공에 이르기까지 모든 과정과 방향에서 목표를 설정하고 그 목표를 향해서 가도록 밀어주고 잡아 당겨준 설계자와 감독자가 있어서 화성은 일관된 傳言전언(message)을 담고 있는 하나의 텍스트로 만들어졌다. 시인이 시 작품을 쓰는 것과 같이 화성이 하나의 텍스트로 만들어졌다는 것이다. 이 화성의 설계에서 완공에 이르기까지를 주관한 이는 正祖정조(1752~1800)이다. 丁若鏞정약용(1762~1836)이 설계를 하기는 했으나 모든 과정을 주도하고 관여하고 자신의 뜻을 관철한 이는 정조 자신이었으므로 화성의 저자(author)는 정조라고 할 수 있다. 텍스트는 저자의 손을 떠나서 독자에게 주어져 있지만 여전히 저자의 체취를 담고 있을 수밖에 없다. 한 텍스트에는 저자의 숨결과 체취가 담겨 있고 작품에서는 여전히 저자가 의도하지 않은 의도를 읽을 수 있다. 작품에서 저자가 의식적으로 의도한 것과 무의식적으로 의도한 것이 있을 수 있다. 어떤 것을 말하기 위해서 의도적으로 다른 것을 드러내고 정작 말하고 싶은 것은 숨기는 경우도 있다. 저자가 의도적으로 혹은 무의식적으로 말하지 않으려 한 것은 정밀한 읽기를 통해서 그 모습을 드러내게 된다. 더 나아가 이런 읽기를 통해서 저자의 인물됨(character)의 윤곽을 그릴 수 있다. 그래서 정조의 작품으로서의 화성 읽기는 정조 읽기이기도 한 것이다.

'텍스트를 읽는다'는 것은 그 텍스트의 의미를 규정하는 작업이 아니라 텍스트의 여러 짜임새를 관찰하고 그들 사이의 관계를 통해 새롭게 어떤 텍스트를 만들어가는 일이라고 할 수 있다.[1] 이 책에서 나는 정조의 작품으로서의 화성이라는 텍스트를 '읽는' 작업을 통해서 나만의 새로운 화성 텍스트를 만들어가고자 한다. 독자는 여기에서 만들어진 나의 새로운 화성 텍스트를 읽으면서 독자 자신의 새로운 화성 텍스트를 만들어 낼 수 있을 것이라는 기대를 가지고 있다. 화성은 이처럼 무한한 텍스트를 생산해낼 수 있는 잠재력을 가지고 있다는 사실이 이 책에서의 화성 텍스트 읽기를 통하여 자연스레 밝혀지게 될 것이다.

---

1) 송효섭 『인문학, 기호학을 말하다』 (이숲, 2013) p96

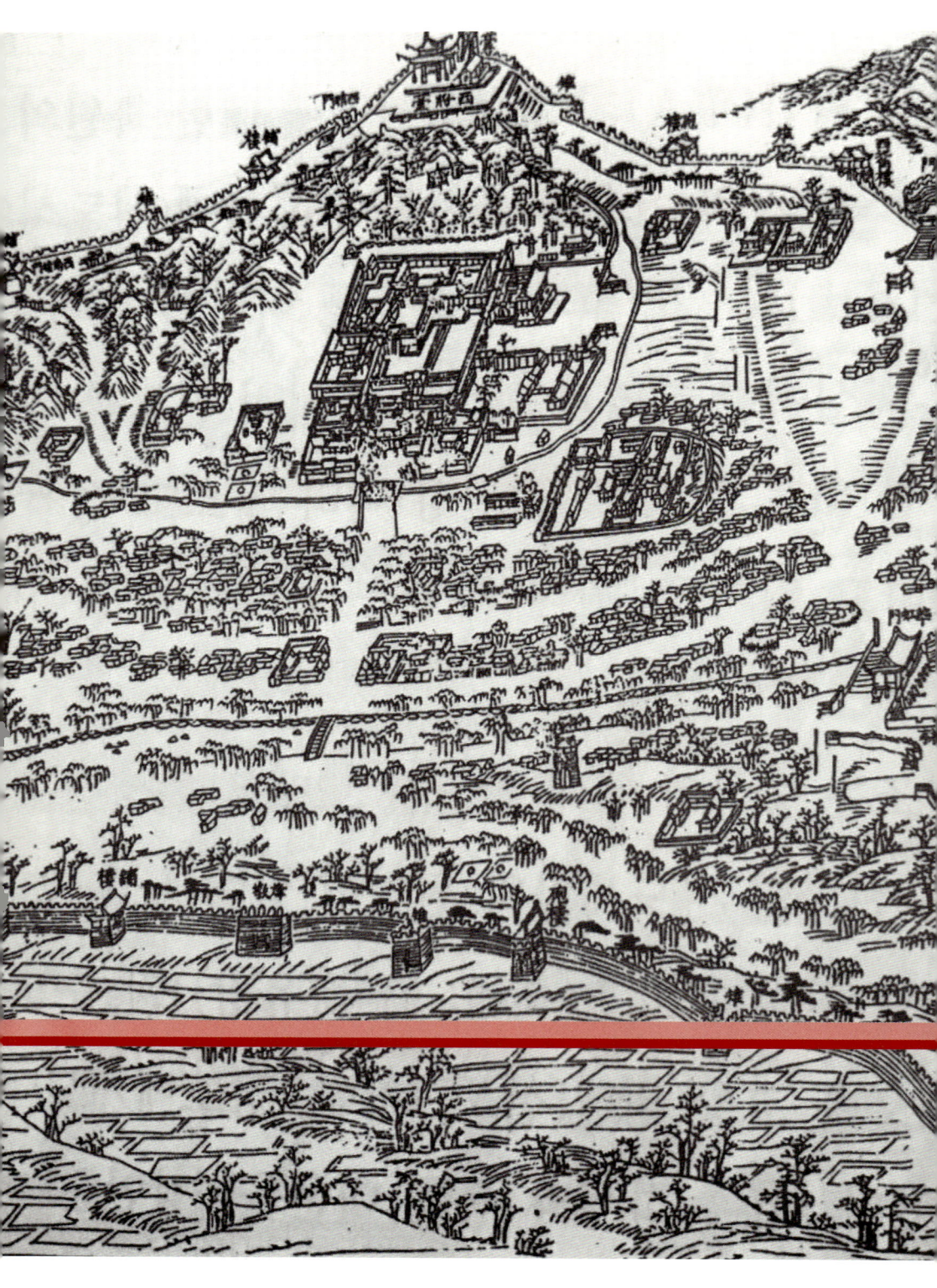

화성이라는 이름의 유래

I

1. 華城화성이라는 이름의 유래

화성이라는 이름은 정조가 친히 명명했는데 그의 아버지 思悼世子사도세자(1735~1762)의 묘가 있던 곳이 花山화산이었고 花화와 華화가 통하기 때문에 華城화성이라고 한 것이고, 그와 동시에 『莊子장자』「天地천지」편에 나오는 요 임금이 화 땅에 가서 화 땅의 경계를 지키는 사람을 만난 이야기에서 따온 것으로 되어 있다.

> 내가 이르기를, "園所원소(顯隆園현륭원－사도세자의 묘소(인용자))가 있는 곳은 花山화산이고 이 수원부는 柳川유천이다. 華화 땅을 지키는 사람이 堯요 임금에게 축원한 뜻을 취하여 이 성의 이름을 華城화성이라고 하였는데 또 글자의 음이 華화 자와 花화 자는 통용된다. 화산의 뜻은 대체로 800개의 봉우리가 이 산 하나를 둘러싸 보호하는데 둥글게 둘러싼 형세가 마치 꽃잎과 같다고 하여 이렇게 이른 것이다. 그렇다면 柳川유천성은 남북을 조금 길게 해서 버들잎 모양처럼 만들면 참으로 의의가 있을 것이다."

予曰 園所花山也 此府柳川也 取華人祝聖之意 名此城曰華城 且字音華與花通用也 花山之義 蓋以八百峯巒拱護一岡 圓正如花辦之謂也 然則柳川之城 南北稍長 如柳葉則實有意義矣[2]

華城화성이라는 이름의 유래가 되었다는 『장자』에 나오는 이야기 전체를 두 단락으로 나누어서 보면 이러하다.

단락 (1)

堯요임금이 華화 땅을 유람했는데 화 땅의 국경지기가 말했다. "아! 성인이시여. 성인에게 축원을 드려 성인께서 오래 사시게 하고 싶습니다."
요가 말했다. "사양하고 싶다."
"성인께서 부유하게 하고 싶습니다."
요가 말했다. "사양하고 싶다."
"성인께서 사내아이를 많이 두게 하고 싶습니다."
요가 말했다. "사양하고 싶다."
국경지기가 말했다.
"오래 살고 부유하고 사내아이를 두는 것은 사람이면 누구나 바라는 것인데 당신께서 유독 바라지 않으시는 것은 어째서입니까?"
요가 말했다.
"사내아이를 많이 두면 걱정이 많아지고 부유하게 되면 일

---

[2] 『日省錄일성록』 정조 18년 1월 14일, 한국고전번역원 홈페이지
-http://www.itkc.or.kr
(이하 별도의 언급이 없으면 우리 옛 문헌의 원문과 번역은 여기에서 가져온 것임.)

이 많아지고 오래 살면 욕될 일이 많아지니 이 세 가지는 無爲
自然무위자연의 덕을 기르는 방법이 아니다. 그 때문에 사양
하는 것이다."

단락 (2)

　국경지기가 말했다. "처음에 나는 당신을 성인이라 여겼더
니 지금 보니 그저 그런 군자이군요. 하늘이 만백성을 낳으면
반드시 직책을 주기 마련이니 사내아이가 많으면 직책을 주면
될 것입니다. 그리하면 무슨 걱정이 있겠습니까. 부유하면 다
른 사람에게〈재물을〉나누어 주면 될 것입니다. 그리하면 무
슨 일이 있겠습니까. 성인은 메추라기처럼 일정한 거처 없이
도 산과 들의 자유를 즐기고 새 새끼가 어미가 주는 것을 받아
먹듯 自然자연에 맡기며 살아가고 새처럼 자유로이 다니면서
흔적을 남김이 없습니다. 천하에 도가 있으면 만물과 함께 창
성하고 천하가 무도하면 덕을 닦으면서 한가로이 삽니다. 천
년을 살다가 세상에 싫증이 나면 떠나서 위로 올라 신선이 되
어 저 흰 구름을 타고 상제의 고향에 이릅니다. (懼구·事사·辱
욕의-역자 삽입) 세 가지 근심이 이르지 않아 몸은 늘 아무런
재앙도 없을 것이니 무슨 욕됨이 있겠습니까."
　국경지기가 떠나가자 요가 그를 따라가 묻고 싶은 것이 있다
면서 가르침을 요청했지만 국경지기는 "물러가시오."라고 할
뿐이었다.[3)]

---

3)『莊子장자』「天地천지」제 6장 안병주, 전호근 공역『역주 장자』2
　(전통문화연구회, 2004) pp162-163 - 이하『장자』의 번역은 이 책을 따름

화성이라는 이름의 유래를 설명할 때 예나 지금이나 전부 다 단락 (1)만을 가지고 이야기한다. 단락 (1)의 내용, 즉 화 땅을 지키는 이가 성인인 요에게 축원을 했다는 '華人祝聖화인축성' 만을 가지고 와서 화성이라는 이름이 생겨나게 되었다고 설명한다. 정조 자신도 그렇게 말해 놓았으므로 단락 (1)만을 가지고 화성이라는 이름의 유래를 설명하는 것이 당연한 것처럼 여겨져 보통 이렇게 설명하곤 한다.

> 말하자면 '화성'이라는 이름에서 정조는 백성의 입장에서는 왕실의 장수와 부귀와 번창을 기원하는 도시요, 왕의 입장에서는 요 임금처럼 德덕을 펴는 도시라는 두 의미를 함축하려 한 것이다. 결국 왕은 자신이 요 임금 못지않은 聖人성인이라는 점을 臣民신민에게 보여주기 위해 화성을 건설했다고 볼 수 있다.[4]

단락 (1)까지만 보면 이런 설명이 맞는 것처럼 보이지만 단락 (2)까지 포함한 전체를 보면 왕실의 장수와 부귀와 번창을 기원하는 것이 요점이 아니고, 요 임금이 덕을 펴는 곳도 화 땅이 아니다. 오히려 요 임금은 화 땅의 경계에서 쫓겨나고 화 땅에는 발도 들여놓지 못한 것으로 되어 있다. 요 임금은 성인이 되지 못하는 군자에 불과하다고 핀잔을 듣는다.

단락 (1)까지는 유교적 세계관에 입각해서 요 임금을 성인으로 보고 있다고 할 수 있지만 단락 (2)까지 읽으면 여기 『장자』에서 말하고자 하는 바는 요 임금과 같은 성인과 요 임금이 덕을 펴는 도시에 관한 것이 아니라 儒敎的유교적 세계관에 사는 사람들이

---

[4] 한영우 『〈반차도〉를 따라가는 정조의 화성행차』(효형출판, 2007) p25

성인으로 칭하는 요 임금의 한계라고 할 수 있는 군자의 경지를 넘어선 그 이상의 道도를 말하고 있다는 것을 알 수 있다. 그런데도 정조 자신부터 단락 (1)에만 한정해서 화성이라는 이름의 기원을 설명하려고 한 것은 조선시대에 『장자』라는 책에 대한 거부반응을 염두에 두고 있기 때문에 나온 현상으로 보인다. 정조는 『장자』라는 책을 탐독하고 있었음을 알 수 있다.

> 諸子제자의 문장 중에서는 『장자』가 가장 훌륭하다. 내가 어려서 이 책을 꽤 여러 번 읽었는데, 책을 보다가 답답한 기분이 들 때마다 「逍遙遊소요유」편을 펴서 한 번 읽고 나면 가슴속이 상쾌해져서 한 점의 연기나 먼지도 남아 있지 않음을 알 수 있다.
> 諸子文章 當以莊子爲第一 予幼時頗多讀 每於看字後氣鬱 則輒取逍遙遊篇 讀過一遍 頓覺胷襟爽然 無半點烟埃氣也[5]

이렇게 『장자』를 잘 알고 있던 정조가 이 부분의 요점과 주제가 담겨 있는 단락 (2)를 빼놓고서 단락 (1)만 언급한 것은 정조가 전체 문맥을 놓치고 그 의미를 이해하지 못하고 있었던 것은 아닌 것이 분명하다. 단락 (2)까지 포함한 전체의 문맥에서 말하는 華화의 의미가 본래 『장자』에서 말하고자 하는 의미가 될 것이다. 그렇다면 정조는 분명히 단락 (2)까지를 포함한 전체에서 화성이라는 이름의 유래를 찾았지만 단락 (2)는 언급을 생략한

---

5) 『弘齋全書홍재전서』제 162권 「日得錄일득록」2 文學문학, 번역 김해영·최병윤 『지금은 정조를 읽어야 할 시간』(안티쿠스, 2013) p41

것으로 보인다. 다시 말해서, 정조는 일부러 말하지 않은 것이다. 언급을 생략하기는 했지만 단락 (2)까지 포함한 의미를 화성이라는 이름에 담고자 한 것으로 보아 마땅한 것이다.

 '조선조 문인이 가장 즐겨 읽고 인용한 책 가운데 하나가 바로 이단의 책 『장자』였다'[6) 가장 즐겨 읽는 책이었지만 이단서로 취급되고 있었기 때문에 유교적 세계관에 맞지 않는 부분인 단락 (2)는 언급을 생략하고 유교적 세계관에 맞는 부분인 단락 (1)만 언급함으로써 새로운 도시의 이름을 이단의 책에서 취하였다고 하면 혹시라도 일어날 수 있는 비난을 미연에 방지하려 한 것으로 보인다. 하지만 분명히 단락 전체에서 가져온 것이기 때문에 『장자』를 읽은 사람들은 이 단락 전체가 의미하는 것이 무엇인지 모두 다 잘 알고 있었을 것이다. 그러니까 화성이라는 이름을 『장자』에서 가져왔다고 할 때의 표면적인 의미는 단락 (1)을 두고 말하는 것이지만, 전체적이고 온전한 의미는 단락 (2)까지 포함된 것이었음은 모두 다 알고 있었다고 할 수 있다. 그러면 단락 (2)까지 포함하는 『장자』의 이 단락 전체에서 의미하는 바가 바로 화성이라는 이름을 붙인 정조가 진짜 의도하는 바일 것이다.

 단락 (1)에서 화 땅의 경계를 지키는 사람이 세 가지 복을 빌어 주었는데 요 임금은 모두 거부하지만 단락 (2)를 보면, 그 세 가지를 거부하는 것은 성인보다 못한 군자의 경지이고, 그 세 가지를 받아들여서 함께 나누면서 자유로운 삶을 사는 것이 성인 혹은 그 이상의 경지라고 한다. 유교에서 성인으로 떠받드는 요 임금은 실상은 성인의 경지에 이르지 못한 자로 판정이 나고, 화 땅에 들어가 보지도 못하고 국경 부근에서 추방당하고 만다. 정조

---

6) 김시천 『노자의 칼 장자의 방패』 (책세상, 2013) p112

가 여기에서 화성이라는 이름을 가져왔을 때에는 화 땅에 들어가지도 못한 요 임금을 염두에 둔 것이 아니다. 요 임금이 거부한 세 가지를 모두 누릴 수 있는 성인의 도성으로서의 화 땅을 염두에 두고 화성이라는 이름을 가져온 것이라고 추론하는 것이 합당하다. 이것은 유교적 세계관을 넘어서는 것이고, 성인 그 이상의 가장 이상적인 인류가 사는 도성으로서의 화성을 세우려 한 것으로 볼 수 있다. 화 땅을 지키는 사람의 세 가지 축원이 모두 이루어지는 곳으로 만들고 싶은 곳이 이 화성이었던 것이다. 아들이 많은 것은 이곳에 인구가 많아지는 것을 뜻한다. 정조가 실제로 이곳에 사람들이 살 수 있는 환경을 조성하고 인구가 유입되도록 하는 정책을 편 것을 볼 수 있다. 또한 부를 누리게 하기 위해서 이 화성에 시장을 세우고 상업 활동을 장려한 것을 볼 수 있다. 壽수를 누리는 것에 대해서는, 이 화성 행궁의 정당이 奉壽堂봉수당인 데서 명확하게 볼 수 있다. 이 세 가지의 복이 이루어지는 곳을 세우려고 했던 것이다. 정조의 말을 직접 들어보면 이 세 가지 가운데서 부를 누리게 하는 것이 가장 기본적인 것이라고 보았다는 것을 알 수 있다.

> 상이 이르기를, "華城화성을 설치한 것은 나의 뜻이 어찌 부질없이 그런 것이겠는가. 백성을 안정시키는 방도로는 産業산업을 다스리는 것이 시급하고, 백성을 교화시키는 요체로는 풍요롭게 해 주는 것이 우선이다. 이 때문에 그동안 筵席연석에서 재물을 넉넉하게 하고 백성을 풍요롭게 할 계책을 여러 차례 강구하였던 것이다. 만의 하나라도 有司유사의 신하가 본뜻을 알지 못하고

도리어 이익을 도모하여 가혹하게 거두어들이는 것을 재물 불리는 방도로 삼는다면, 이 어찌 조정의 德意덕의를 저버리지 않았다고 말할 수 있겠는가." 하였다.

華城設置 予意豈徒然哉 安民之術 制產爲急 敎民之要 殷富居先 此所以前後筵席 屢講裕財足民之策 而萬有一有司之臣 不識本意 反以射利聚 爲生財之方 則是豈可曰不負朝家之德意也[7]

부를 누리게 될 때에 수도 누릴 수 있고 자손도 번성하게 되니 부를 누리게 하는 것이 가장 기본적인 일이라고 하는 정조의 생각은 實學실학에 바탕을 둔 것이라고 할 수 있다. 허황되거나 이상론으로 치닫는 것이 아니라 현실에 바탕을 둔 이상적인 도성을 건설하려 한 정조는 현실주의자이면서 이상주의자였다는 것을 알 수 있다.

이 외에도 직접적으로 『장자』를 언급하고 있지는 않지만 『장자』의 사상이 화성 곳곳에 녹아들어 있음을 볼 수 있다. 어떤 한 사상에 머물지 않고 당대의 한계를 넘어서고 화 땅에서 쫓겨나는 것이 아니라 새로운 화 땅을 조선에 건설하고자 한 정조의 깊은 뜻을 짚어보고 음미하면서 인류의 오랜 꿈인 이상향이 어떤 모습이어야 하는지 이 화성에서 영감을 얻을 수 있을 것이다.

---

7) 『홍재전서』 제 170권 「日得錄일득록」 10 政事정사 5

* 방화수류정과 화성

　訪花隨柳亭방화수류정은 화성을 대표하는 건축물인데 방화의 花화는 華화와 통하는 것이고, 華화를 찾아가는데[訪] 버들[柳]을 따라서[隨] 한다는 뜻으로 풀 수 있다. 화성의 이름 유래와 관련해서 보면, 화성의 華화를 찾는데 있어서 버들과 같이 유연한 태도가 긴요함을 말하는 것으로 볼 수 있다. 유교적 세계관에 속한 요 임금이 덕을 기르는 데 방해가 된다는 이유로 세 가지 복을 거부하는 것과 같은 그런 태도가 아니라 자연스럽게 세 가지 복을 자기의 것으로 삼고 모두와 함께 나누는 태도인 것이다. 버들과 같이 유연한 자세는 자기의 생각을 강제하지도 않는 것이고 경직된 태도도 아니다. 화성의 중심부를 버드내[柳川유천]가 흐르고 있다는 것도 대단히 상징적인 의미를 가지고 있는 것이다. 『장자』에서 말한 바 그 華화를 이루기 위해서는 언제나 화성 한 가운데를 흐르는 버드내의 버들과 같은 태도를 그 중심에 한결같이 유지해야 한다는 뜻을 함축하고 있다. 정조가 화성의 테두리가 버들잎 모양이 되게 한 것을 보면 중심과 외곽이 모두 버들과 같은 태도를 가지고 있을 때에 그 안에서 華화가 이루어질 수 있다는 뜻을 알 수 있다.

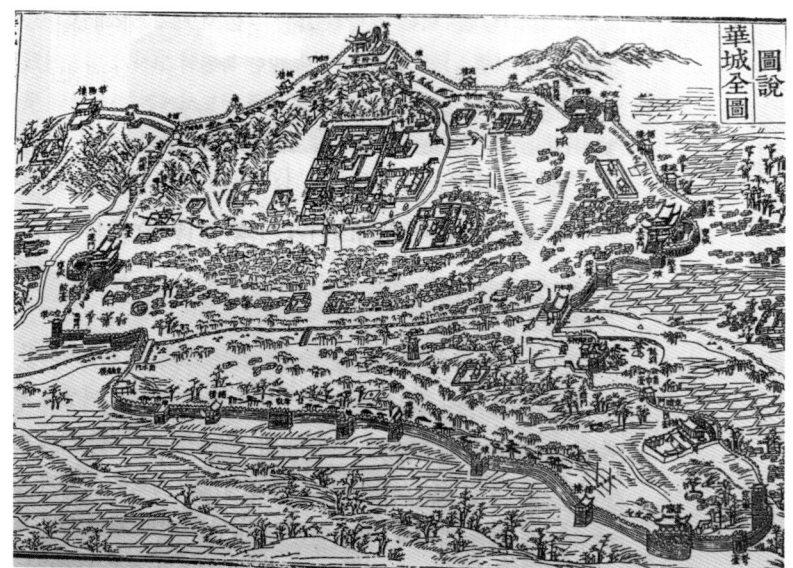

*『화성성역의궤』(서울대학교 규장각 소장)에 실린 화성전도
(이하 이 그림은 언급하지 않아도 여기를 참고할 것)

*방화수류정

화성 일기
II

1. 角巾臺각건대

　각건대는 東北鋪樓동북포루의 별칭이다. 멀리서 바라보면 건축물의 전체모습이 각건을 닮았다 하여 붙여진 이름으로 알려져 있다.[8] 『華城城役儀軌화성성역의궤』(이하에서는 『의궤』라고만 하면 『화성성역의궤』를 가리킴)에는 '동북포루가 완성되다' 라고 하고 협주에 '각건대' 라고 밝혀 놓았고, 화성이 완공된 해인 1796년에 작성되어 『의궤』에 수록된 上樑文상량문도 '동북포루 상량문' 이 아니라 「각건대 상량문」으로 되어 있다. 화성에서 상량문이 부여된 곳은 화성을 대표할만한 주요 건축물들로 사대문과 화홍문, 방화수류정, 화양루, 동장대, 서장대, 성신사 뿐이다. 鋪樓포루나 砲樓포루 가운데 상량문이 있는 곳은 이 각건대 뿐이다. 砲樓포루는 화포를 설치해 놓았던 시설물이고 鋪樓포루는 군사들이 머물면서 공격과 방어를 하는 시설물이다. 정조가 화성을 순행하면서 '공심돈은 우리 東國동국의 城制성제에서는 처음 있는 것이다. 여러 신하들은 마음껏 구경하라' (空心墩 卽我東城制之初有者 諸臣可縱觀之)[9] 고 하면서 그렇게 자랑해마지 않았던 공심돈도 상량문을 가지고 있지 않은데 일개 포루에

---

8) 경기문화재단 [편] 『화성성역의궤 건축용어집』 (경기문화재단, 2007) p31
9) 『朝鮮王朝實錄조선왕조실록』 정조실록 46권, 정조 21년 1월 29일 경오 2번째 기사

지나지 않는 이 각건대가 상량문을 가지고 있고 그럴듯한 별칭도 가지고 있다는 것은 이 각건대가 보기와는 달리 화성에서 차지하는 비중이 대단히 크고 중요한 건축물이었음을 반증하는 것이다. 모양이나 크기에 있어서 사대문이나 누각을 갖춘 다른 건축물보다 훨씬 덜 주목하게 되어 있어서 화성에서는 고만고만한 건축물에 지나지 않아 보인다. 하지만 이 대단치 않아 보이는 건축물에 각건대라고 별칭을 붙이고 상량문까지 써서 줌으로써 이 동북포루를 상당한 비중과 의미를 가진 건축물로 부상시키고 있다. 특별할 것이 없는 건축물에 특별한 의미를 부여하는 이 과정에서 각건대는 이 화성의 저자(author)라고 할 수 있는 정조의 화성에 대한 사상과 情操정조를 여과 없이 드러내게 된다. 별난 건축물을 별나게 대우하면 이상할 것이 없지만 별난 건축물이 아닌데 별나게 대우하고 있으므로 별나게 대우하는 이유와 내용이 더 선명하게 드러나는 것이다. 유별난 건축물이 아닌 하나의 포루를 유별난 건축물로 만들어주고 있는 그 과정에 담긴 화성의 저자로서의 정조의 뜻을 추적하는 일은 흥미롭기 그지없다. 그래서 나의 화성 읽기는 남대문보다 높고 크다는 장안문이나 그 화려함의 극치를 보여주는 방화수류정도 아니고 화성 높은 곳에서 위용을 뽐내는 화성장대도 아니고 단순함으로 단아하게 서 있으나 화성에서 대단히 깊은 뜻을 담고 있는 각건대에서 시작하게 된 것이다.

1) 각건의 뜻

(1) 은자의 두건

각건이 가지는 뜻은 우선은 隱者은자의 두건이다. 金在瓚김재찬이 정조의 교서를 받들어 지은「각건대 상량문」에는 동북포루에 角巾臺각건대라는 이름을 붙인 이유를 언급하고 있다.

> 謝安사안이 東山동산을 세운 뜻을 따서 이름을 角巾각건이라 지었네
> 取安石東山之義 名曰角巾[10]

중국 東晉동진의 정치가 謝安사안(320~385, 한문 원문의 安石안석은 사안의 字자)이 동산에 별장을 짓고 은거했는데 이때에 각건을 쓰고 지냈다는 것이다. 각건은 보통 처사나 은자가 쓰던 두건을 가리킨다. 각건대의 각건은 우선 隱居은거와 관련된 것이라고 할 수 있다. 그리고 또 하나 각건에 관련된 의미는『晉書진서』「王濬列傳왕준열전」에 나오는 이야기에서 볼 수 있다.

> 晉진나라 王濬왕준이 황제를 만날 때에 매번 자신의 공적을 진술하였는데, 范通범통이 말하기를 "세운 공적은 아름다우나, 아름다움에 처신하는 방법이 盡善진선하지 못한 것이 한스럽소. 공이 개선하는 날에 角巾각건 차림

---

10)『(국역 증보판) 華城城役儀軌화성성역의궤』상 (경기문화재단, 2005) p361
 - 이후『의궤』번역문은 인용표시가 없어도 이 책에 의한 것임.

으로 집으로 돌아가 입으로 뭇오를 평정한 일을 말하지 않았다가, 어떤 자가 묻거든 곧 '聖主성주의 은덕이고 장수들의 힘 때문이지, 늙은 내가 무슨 힘이 있었겠소.'라고 대답하는 것이 더 좋았을 것이오."라고 하자, 왕준은 "마음속에 잊을 수 없는 것이 있었기 때문이니, 이는 내가 편협한 탓이오."라고 대답하였다.

晉王濬進見 每陳功伐 范通曰功則美矣 恨所以居美者未盡善也 公何不於旋施日 角巾私第 口不言平吳事 有問 輒曰聖主之德 羣帥之力 老夫何力之有 曰不能遣諸胷中 是吾褊也[11]

여기서 각건이 가지는 의미는 단순히 숨어 사는 은거만을 뜻한다기보다는 자기의 공적을 내세우지 않는 가운데 극진한 아름다움을 이루는 것을 뜻한다.

각건대는 화성의 여러 건축물 가운데 그렇게 드러나지 않는 '고만고만한' 건축물 가운데 하나라는 점에서 그저 평범한 사람으로 보이는 각건을 쓴 은자와 같은 모습이라고 할 수 있을 것이다. 그 은자는 그냥 은자가 아니라 나라를 구하는 공을 세운 은자이므로 평범한 모습 속에는 나라를 구하는 비범한 힘이 감추어져 있는 사람이다. 각건대도 마찬가지로 평범함 속에 비범함이 내재되어 있는 건축물이라고 할 수 있을 것이다. 화성과 행궁에서 상량문이 있는 건축물 가운데 현판이 달려 있지 않은 경우는 이 각건대가 유일한데 이런 사실 역시 비범한 힘을 가지고 있으면서도 자기를

---

11) (尹愭윤기 지음, 김채식 번역 『無名子集무명자집』文稿문고 제12책 「정상한화井上閒話」51조목에서 재인용 (한국고전번역원 홈페이지 - http://www.itkc.or.kr)

드러내지 않는 각건대의 정신을 보여주는 것이다.

(2) 무동의 관

角巾각건은 은자의 두건을 가리키기도 하고 '조선시대에는 궁중에서 연희를 벌일 때, 특정한 무용의 소품으로 舞童무동들이 쓰기도' 한 것을 가리키기도 한다.[12] 각건이 뜻하는 바가 은자의 두건뿐만 아니라 무동의 관을 뜻하기도 한다는 사실은 당시에는 잘 알려진 바이므로 이 각건대라는 이름을 붙일 때에는 각건이 가지는 두 가지 의미를 모두 나타낼 수 있도록 의도한 것으로 볼 수 있다.

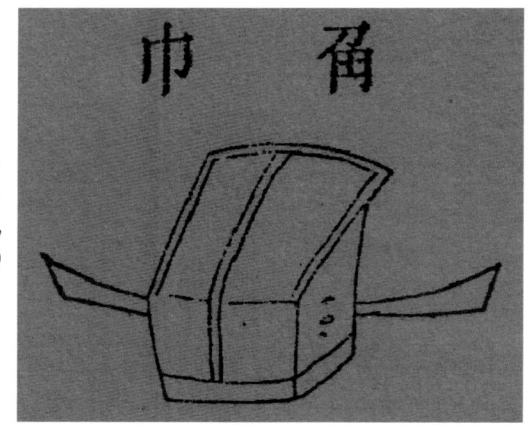

*角巾각건.
『進饌儀軌진찬의궤』
(1829년,
서울대학교 규장각 소장)

어린 춤꾼이 머리에 쓰는 관의 의미를 가진 각건을 동북포루의 별칭으로 삼은 데에는, 따라서, 화성을 춤과 관련시키고자 하는 뜻도 담겨 있다고 할 것이다. 각건대가 무동이 머리에 쓴 각건이라면 화성 전체는 춤추는 무동이라고 할 수 있다. 화성 전체가

12) 경기문화재단 [편]『화성성역의궤 건축용어집』(경기문화재단, 2007) p31

춤을 추는 존재와 같다는 것이다. 그것도 어린이의 춤이라는 것이다. 이 무동의 춤은 되는대로 추는 춤이 아니라 궁중무용이므로 격식에 맞는 춤이다. 한편 어른의 춤이 아니라 무동의 춤이라는 측면에서 보자면 그 내면적으로는 어린이 특유의 자유로움과 순수함이 담긴 춤이라고 할 수 있다. 각건대를 무동의 각건으로 보면 화성 성벽에 일정한 리듬에 맞추어서 시설물들이 배치되어 있는 듯이 보이고 직선이 아니라 부드러운 곡선을 이루고 있는 성곽은 춤사위를 연상케 하는 것이다.

각건이 전쟁에서 공을 세우고 자기를 내세우지 않는 은자가 쓰는 두건이기도 하고, 궁중연희에서 무동이 쓰는 관이라는 데에서 각건대라는 이름은 이 화성의 성격을 암시하고 있다. 자기의 공을 내세우지 않는 가운데 지극한 아름다움을 이루는 것이 궁극적으로 추구해야 할 미덕이라는 것이다. 화성이 지향하는 지극한 아름다움은 자기 겸양을 통해서 이루어진다는 것이다. 자기 겸양은 경직되고 부자연스러운 것이 아니라 무동의 춤사위와 같이 격조가 있으면서도 자유롭고 순수한 정신을 통해서 이루어지는 것임을 암시한다.

각건대를 찾아가 보면 높은 언덕 위에 있어서 그 모습을 고고하게 드러내고 있다. 자기가 의식적으로 드러내지 않지만 산 위에 있는 탑이 숨겨질 수 없는 것처럼 자연스럽게 그 자태가 현시되면서 극진한 아름다움을 이루게 되는 뜻을 보여주는 듯하다. 이 아름다움은 정적인 아름다움이 아니라 무동의 춤과 같이 동적인 아름다움이고 영원히 젊은 아름다움이다. 요란스럽게 자기를 드러내는 野야함 아니라 신중함이고, 드러내려고 하지 않지만 숨기려고 해도 숨길 수 없는 위용과 음악에 맞추어 춤을 추듯이 천지의 조화에 순응하는 그러면서도 자유분방한 미적 감각이 살아 있는 지고지선의 아름다움을 추구하는 것인 바, 그것이 바로 화성의 근본적인 정신임을 이 각건대가 고고하게 서서 증언하고 있다.

*성 밖에서 본 각건대

*성 안에서 본 각건대

(3) 동북방에 위치한 각건대

각건대는 東北포루의 다른 이름인데, 동북방이라는 방위는 화성이 세워질 당시 세계관에서 대단히 중시되는 것이었다. 東北方동북방은 『周易주역』에서 소위 艮方간방에 해당된다. 『주역』 「설괘전」에 이르기를, "艮간은 동북방의 괘이다. 만물이 마침을 이루는 곳이며 시작함을 이루는 곳이다. 그러므로 艮간에서 이룬다고 한다(艮東北之卦也 萬物之所成終而所成始也 故曰成言乎艮)"고 하였다. 동북방인 艮간에서 만물이 시작하고 마친다는 뜻이다. 만물의 시작이자 끝인 동북방에 세워진 포루를 각건대라고 이름 한 것은 이 화성의 시작과 끝이 여기 각건대에 있음을 뜻하는 것이다. 각건의 두 가지 뜻인 은자의 두건은 노인을, 무동의 관은 아이를 상징한다고 할 수 있는데 아이와 노인이 각각 시작과 끝을 의미하도록 되어 있어서 간방의 뜻과도 일치하고 있는 것이다. 늙으면 다시 아이가 되고 아이는 유치하고 미숙한 아이에 머물러 있는 것이 아니라 원숙한 노인으로 자라나고 그 노인은 다시 춤추는 아이가 되는 영원한 순환을 상징하는 것이다. 그래서 동북방의 각건대는 이 화성이 영원한 인간의 영원한 이상향임을 강하게 암시하고 있다.

『의궤』의 「圖說도설」에 포루鋪樓에 관한 설명을 보면, 다섯 座좌의 포루 가운데 넷에는 나무 사닥다리[木梯목제]를 설치하도록 되어 있는데 이 각건대에만은 벽돌 층계[甓梯벽제]를 설치하도록 명시하고 있어 각건대만 특별 대우를 해주고 있다. 다른 포루에도 4단으로 된 나무 사닥다리가 있으나 벽돌 층계는 나무 사닥다리에 비해서 견고하고 내구성이 있으므로 4단으로 되어 있는 이 각건대의 벽돌 층계는 사계절의 운행이 어김없이 이루어지고 있음을 뜻하기도 하면서 만물이 시작하고 마치고, 영원히 계속되는 순환이 굳건하게 그리고 지속적으로 영원히 이루어지고 있음을 상징하도록 표현한 것으로 볼 수 있다. 화성이 바로 그러한 곳임을, 또는 그러한 곳이 되어야 함을 보여주고 있는 것이다.

다른 포루들이 위치하고 있는 雉城치성은 아랫부분 3/4은 돌로 윗부분 1/4은 벽돌로 되어 있는데 반해서 각건대의 치성은 아랫부분 1/4이 돌로 윗부분 3/4이 벽돌로 되어 있어서 더 견고하게 지어져 있음을 볼 수 있다.

또한 다른 포루는 樓누와 치성의 윗부분인 女墻여장 사이에 간격이 없이 붙어 있는데 반해서 각건대의 누와 외벽 사이에는 누의 난간 바닥까지 이르는 높이로 甓磴벽등을 이중으로 쌓았다. 이 벽등은 누의 안쪽 정면을 제외한 3면을 에워싸고 있어서 누와 외벽 사이를 이 벽등 위로 다니면서 세 방향으로 성 밖을 조망할 수 있고 총안을 통해서 소총이나 활을 쏠 수 있도록 되어 있다. 이런 점들은 군사적 의미에서 볼 때에 각건대는 매우 중요한 위치에 있어서 방비를 단단히 할 수 있게 한 것이고 상징적 의미에서는 화성 전체의 시작점이자 종결점의 역할을 감당하기에 부족함이 없는 강하고 견고한 건축물이 될 수 있도록 세심하게 배려해서 설계하고 건축하였음을 알게 해준다.

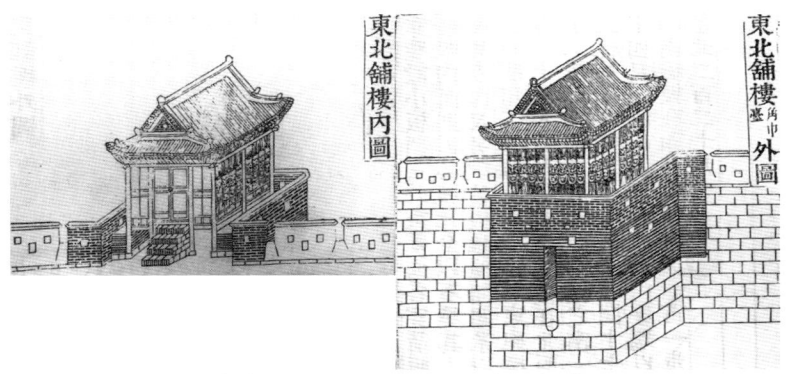

*『의궤』 동북포루(각건대) 내도와 외도

(4) 각건대와 북암문, 동암문

성 밖에서 각건대를 보았을 때 각건대의 왼쪽에 東暗門동암문이, 오른쪽에는 北暗門북암문이 자리하고 있다. 암문은 드러나지 않는다는 의미에서 각건을 쓴 은자의 뜻을 가진 각건대와 일맥상통하는 것으로 볼 수 있다. 각건대의 좌우에 두 암문이 있어서 각건대가 표상하는 자기를 드러내지 않는 정신을 잘 보여주고 있는 것이다. 두 암문 사이에 포루를 세우고 그 이름을 각건대라고 명명함으로써 두 암문이 각건대가 가진 의미를 더욱 풍부하게 드러나도록 해주고 있다.

(5) 연무대 - 각건대 - 방화수류정

각건대는 또한 연무대(東將臺동장대의 별칭)와 訪花隨柳亭방화수류정(東北角樓동북각루의 별칭) 사이에 있다. 성 밖에서 각건대를 중심으로 보면 각건대 왼쪽에 동암문과 동장대, 오른쪽에 북암문과 방화수류정이 있는 형국이다. 武무를 닦아서[鍊武 연무] 나라를 구하고 방화수류정과 같이 화려한 공을 세우지만 각건대와 같이 자기 공적을 내세우거나 드러내지 않으면서도 자기 자리를 지키는 것이 화성에서 이루고자 한 지극한 아름다움이라는 것을 보여주고 있다. 연무대와 각건대 사이에 동암문이, 각건대와 방화수류정 사이에는 북암문이 있어서 지극한 아름다움을 이루는 데 있어서 암문과 같이 자기를 드러내지 않는 자세를 매번 가다듬어야 함을 암시하고 있다.

"武무라는 것은 원래 병기로 나라와 민생을 지키고 정의를 수호하는 개념이다. 무를 제외한 모든 문화를 문이라고 할 때 무는 文문을 보전하기 위한 것이다. 무는 문의 자기 부정으로 발생했지만 실상은 자기 보전으로 회귀하는 것이다. 무가 자기 보전으로 회귀하는 것은 동양의 무의 성격이다. 요컨대 무는 오직 문을 위해서만 필요하기 때문에 그 자체만으로는 존재 의의가 없다. 문의 진리를 실행하기 위해서 무의 권력을 쓸 때만이 가치가 있는 것이다. 문은 목적이요, 무는 수단이며, 문은 내적이요, 무는 외적인 것이다. 이 두 가지는 하나라도 없어서는 안 된다."[13]

이 인용문에서 보이는 바 文문의 자기 부정을 상징적으로 보여주는 것이 각건대라면, 武무의 자기 보전으로의 회귀를 보여주는 것이 연무대, 이 문과 무가 하나가 되어 새처럼 비상하는 것을

---

13) 허균『사료와 함께 새로 보는 경복궁』(한림미디어, 2005) p58

상징하는 것이 방화수류정이라고 할 수 있을 것이다. (방화수류정의 이런 상징적인 의미에 대해서는 후술될 것이다.) 각건대를 중심으로 보자면 좌우에 암문이 있어서 마치 수레바퀴와 같이 나아감을 뜻한다고 볼 수 있는 것이다.

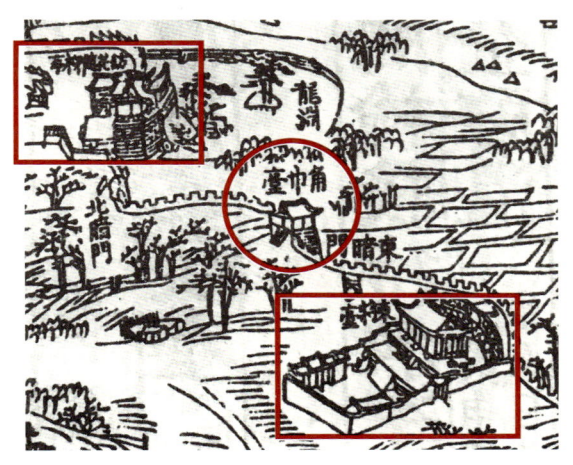

*가운데 원으로 표시된 각건대를 중심으로 좌우에 동암문과 북암문, 동장대와 방화수류정이 있는 모습
(『의궤』에 실린 '華城全圖화성전도' 부분)

(6) 각건대와 華陽樓화양루

각건은 모시나 베로 만든 것으로 매우 소박한 모양을 하고 있다. 이 소박한 모습을 형상화한 각건대와 정확하게 대비를 이루는 건축물은 각건대에서 화성의 중심부를 가로질러 서남방에 위치한 西南角樓서남각루인 화양루라고 할 수 있다. 화양루는 서남각루의 별칭이다. 동북방과 정확하게 대칭을 이루는 곳이 서남방이다. 화양루의 華陽화양은 각건대의 소박함과 대비되는 화

려함[華화]과, 드러나지 않음 혹은 어둠[암문의 暗암]과 대비되는 태양[陽양]이다. 태양을 숨길 수 있는 방법은 없는 것이다. 각건대에서는 자기를 드러내지 않는 정신을 말하지만, 이 화양루에서는 그 화려함이 태양과 같이 드러나고 빛나고 있다. 이는 자기를 드러내지 않지만 태양을 숨길 수 없는 것과 같이 결국에는 찬란하고 화려하고 명백하게 드러나게 되어 있음을 뜻하는 것이다.

 화양루로 들어가는 관문이 서남암문인데 이 암문은 다른 암문들처럼 숨겨진 문이 아니라 지상에 모습을 버젓이 드러내고 있을 뿐만 아니라 암문의 보꾹에는 화성의 사대문에만 있는 용 그림까지 그려놓았고, 이 암문 위에는 西南鋪舍서남포사라는 누각까지 세워서 숨기는 것이 아니라 의도적으로 드러내려고 한다는 것을 대번에 알 수 있다. 암문조차도 그 모습을 드러내고 있으므로 다른 것은 말할 것도 없이 훤히 드러나게 되어 있는 것이다. 도저히 숨길 수 없는 태양과 같이 훤하게 드러나게 되어 있음을 보여주고 있다. 자기 스스로 자기를 자랑하고 의도적으로 자기의 공적을 드러내고 현시하는 것이 아니라 각건대의 정신으로 자기를 드러내지 않고 겸손하게 행할 때에 그 아름다움은 각건대와 암문 같은 데에서는 드러나지 않아도 멀리 있는 화양루 같은 데에서 명명백백하고 화려하게 드러나게 되어 있음을 뜻하는 것이다.

 각건대는 이미 전쟁에서 승리를 거두고 자기의 공을 드러내지 않는 은자를 상징하는 건축물이다. 화양루의 華陽화양이 '전쟁이 끝났음'(「화양루 상량문」)을 뜻하는 말이므로(이 점에 관해서는 후술될 것이다) 각건대와 화양루는 일맥상통하고 있다. 각건대와 화양루는 이 화성의 승리를 예견하고 있는 상징적인 건축물이라고 할 수 있다. 『說文解字설문해자』에는 창 戈과 자와 그칠 止지 자가 합해진 글자로 전쟁을 멈추게 하는 것이 곧 武무라고 설명되어 있는데(夫武定功戢兵 故止戈爲武), 이 화성은 전쟁에서 승리를 거둔 후의 평화로운 시대의 도시임을 보여주고 있다.

*화양루(서남각루)

*화양루로 통하는 용도로 들어서는 문이 서남암문,
문 위의 누각이 서남포사

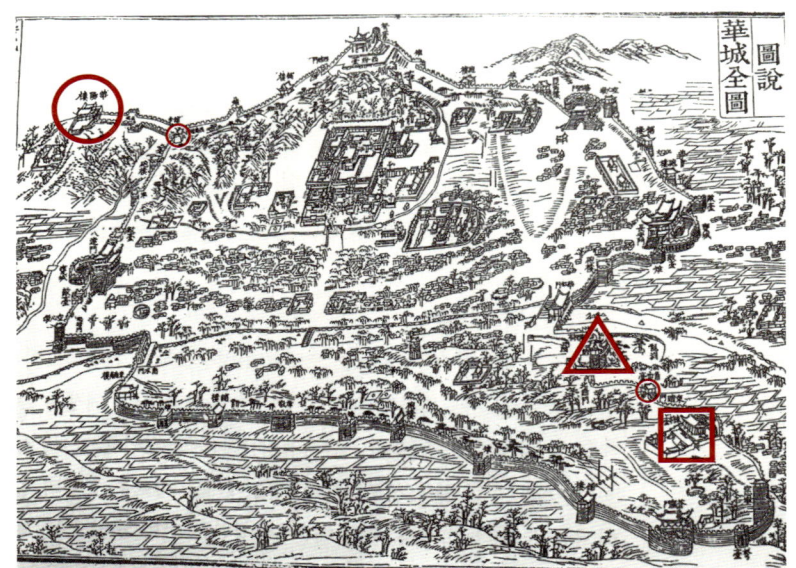

*왼쪽 큰 원이 화양루, 작은 원 서남포사와 서남암문.
오른쪽 작은 원 각건대, 오른쪽 삼각형 방화수류정, 사각형 연무대

(7) 전술적인 측면에서의 각건대의 의미망

 자기를 드러내지 않는다는 것은 겸양의 표현으로 볼 수 있는데, 이를 전쟁의 전술이라는 측면에서 보자면 적으로 하여금 자기를 알지 못하게 하는 것으로서 전술의 가장 기본적인 측면을 가리키는 것이다. 적에게 자기를 섣불리 드러낸다면 그 전쟁에서 이길 수 있는 확률은 그만큼 줄어드는 것이다. 화성은 무엇보다도 전쟁을 대비한 성이었으므로 자기를 드러내지 않으면서 안으로는 강함을 유지하는 것이 전쟁에서 승리를 거두는 가장 기본적인 비결이 됨을 각건대에서 가르쳐주고 있다.

『孫子兵法손자병법』에 이런 구절이 있는데 각건대의 정신과 일맥상통하고 있다.

> 적의 形형을 드러나게 하고 나의 형은 무엇인지 알 수 없게 만드니, 나는 온전하되 적은 분산되는 것이다. 나는 온전하여 하나이고 적은 분산하여 열이 되니, 이는 바로 열의 힘으로 하나의 힘을 공격하는 것이다.
> 故形人而我無形 則我專而敵分 我專爲一 敵分爲十 是以 十功其一也[14]

전쟁에서의 승리는 전쟁터로 비유되곤 하는 이 세상에서 삶을 살아가는 데 있어서 그 삶을 성공적으로 이끄는 것과 유비된다. 화성은 조선시대 사람뿐만 아니라 모든 시대 모든 곳의 인간이 어떻게 살아가는 것이 성공하는 삶이자 제대로 된 삶인지를 각건대를 통해서 제시하고 있다.

(8) 至人지인, 神人신인, 聖人성인의 상징으로서의 각건대

> 저 <바람 정도가 아닌> 하늘과 땅의 바른 氣기를 타고 六氣육기의 변화를 조종하여 끝없는 경지에 노닐 줄 아는 사람이라면 그는 대체 무엇을 의존할 것이겠는가. 그래서 '至人지인은 자기가 없고 神人신인은 공적이 없고 聖人성인은 명예가 없다'고 한다.
> 若夫乘天地之正而御六氣之辯 以遊無窮者 彼且惡乎待哉

---

[14] 손자 지음, 김광수 해석하고 씀 『孫子兵法손자병법』(책세상, 1999) p193

故曰 至人無己 神人無功 聖人無名[15]

『莊子장자』의 이 부분을 참고해서 보자면, 각건대가 상징하는 바는 功績공적의 無化무화와 名聲명성의 無化와 自己자기의 無化라고 할 수 있다. 이런 사람은 '天地大自然천지대자연의 生成變化생성변화와 그대로 한 몸이 되어 모든 時시와 空공을 초월한 절대자유의 세계에 노니는 자, 이 절대자는 그 무엇에도 의존하지 않고 그 무엇에도 속박되지 않는다.'[16] 이는 또한 화성 행궁의 문 이름으로 명명된 '得中득중' 혹은 '得閒득한'의 경지라고 할 수 있다(본서 III의 27, 30 항목 참조).

화성은 이 절대자유를 누리는 자들의 도성이라고 하는 사실을 각건대에서 선언하고 있지만, 그 선언하는 일을 드러내놓고 하지 않는다. 화성이 지향하는 최고의 정신을 드러내는데 있어서도 그 드러내는 방식 역시 역설적이지만 無化무화의 방식으로 하고 있는데 이것이 진정으로 지인-신인-성인의 길인 것이다.

*방화수류정에서 본 각건대

---

15) 『莊子장자』「逍遙遊소요유」
16) 안병주, 전호근 공역 『(역주) 장자』1 (전통문화연구회, 2001) p43

2. 砲樓포루

　화성에 화포를 감추어 두고 쏠 수 있게 되어 있는 砲樓포루는 모두 다섯 座좌가 있고 그 구조는 동일한데 지붕 모양이 두 가지로 복원되어 있다. 『의궤』의 도면은 성 안팎이 모두 우진각 지붕으로 되어 있는데, 북·서·남포루는 『의궤』와 같이 성 안팎으로 모두 우진각 지붕으로 복원되어 있고, 북동포루와 서북포루는 성 안쪽은 맞배지붕으로 되어 있고 바깥쪽은 우진각지붕으로 되어 있다. 서울대학교박물관이 소장하고 있는 1910년대~1920년대 초의 북동포루 사진을 보면 『의궤』와 같이 성 안팎으로 모두 우진각 지붕으로 되어 있는 것을 볼 수 있다. 화성 건설 당시에는 현재의 모습과 같았을 것으로 추정된다.

*왼쪽이 동포루, 오른쪽이 서포루
성 안과 바깥쪽 지붕이 모두 우진각 지붕으로 되어 있다

*왼쪽이 서북포루, 오른쪽이 북동포루
성 안쪽 지붕은 맞배지붕, 바깥쪽은 우진각지붕으로 되어 있다

 북동포루와 서북포루의 성 안팎이 서로 다른 지붕 모양을 두고 두 분의 전문가가 서로 다른 설명을 하고 있다. 신영훈은 전쟁이 나서 성 안쪽에서 깃발이나 장창 따위를 들고 달릴 때에 걸리적거리지 않도록 하기 위해서 성 안쪽의 지붕을 맞배지붕으로 했다는 설명을 하고 있다.[17] 신영훈의 이런 주장에 대해서 이달호는 만약에 그렇다면 나머지 세 포루도 성 안쪽을 맞배지붕으로 해야 하는데 그렇지 않고 우진각지붕으로 되어 있으니 설명이 적합하지 않다고 하면서, 두 포루의 지붕 모양이 이렇게 조성된 이유를 이렇게 말한다.

> 이러한 지붕 양식은 부석사의 법고각(혹은 범종루-인용자)에서만 볼 수 있다. 그러니까 당시 승려 예술가들이 전국의 모든 지붕 양식을 검토한 끝에 만든 지붕이라고 생각되어진다.[18]

---

17) 신영훈 『수원의 화성』 (조선일보사, 1999(재판)) p58
18) 이달호 『'화성'건설 연구』 (상명대학교 박사학위논문, 2003) p235의 각주 256

부석사 범종루의 바깥쪽은 팔작지붕으로, 안쪽은 맞배지붕으로 되어 있다. 화성의 동북·서북포루는 바깥쪽이 우진각지붕, 안쪽이 맞배지붕으로 되어 있으니 완전히 똑같은 것이 아니라 바깥쪽과 안쪽이 다르게 되어 있고 안쪽이 맞배지붕이라는 점이 일치한다고 하겠다. 화성 건설에 승려 기술자들 혹은 예술가들이 참가했음은 『의궤』의 기술자 명단에서도 확인할 수 있다. 승려 예술가들이 부석사 범종루에서 사용된 지붕양식을 가져와서 화성에도 만들어놓았다고 할 수 있을 것이다. 이 지붕 양식은 유례가 없이 특이한 만큼 그 상징적인 의미도 깊다.

*부석사 범종루 (사진제공 : 전광철)

부석사를 톺아보며 각 건축물이 가진 상징적인 의미를 천착한 전광철의 범종루에 대한 설명을 보자.

무량수전 앞마당에서 보면 범종루의 용마루가 멀리 소백산 자락을 향해 날아가는 화살의 이미지로 다가온다. 그래서 범종루의 용마루를 본 사람들은 용마루 선을 따라 자연스럽게 먼 산등성이들로 시선이 가게 된다. 범종루의 맞배지붕이 그런 역할을 하기 때문이다.[19)]

이런 설명을 듣고 화성의 두 포루를 측면에서 보게 되면 바깥쪽의 우진각지붕의 끝이 날카로워 보이면서 지붕 전체가 성 안쪽에서 바깥쪽을 향해서 날아가는 화살의 이미지로 보인다.
　범종루의 상징적인 의미에 한 걸음 더 들어가 보자.

　　　범종루는 또 다른 의미도 있다. 이 범종루는 불교에서 말하는 반야용선의 이미지를 갖고 있다. 반야용선은 중생들이 사는 고통의 세계, 즉 사바세계에서 깨달음의 세계인 극락정토로 중생들을 건네주는 '지혜[般若반야]의 배[船선]'를 말한다. 반야용선은 말 그대로 용이 이끌어 중생들을 극락정토로 안내하는 배이다. 이 배를 타면 아미타불이 있는 극락에 태어날 수 있게 된다. 그러므로 불교신자라면 누구나 이 반야용선을 타고 싶을 것이다. (중략) 무량수전 앞에서 보면, 범종루는 하늘을 나는 배처럼 보인다. 멀리 산평선(지평선에서 유추해서 만든 전광철의 용어-인용자)으로 떠나는 배, 아니 중생을 태우고 산평선에서 돌아오는 배의 이미지다. (중략)
　　　무량수전과 그 앞마당을 극락정토의 장소로 구현하고

---

19) 전광철『무량수전에 말 걸다』(사회세상, 2016) pp54-55

자 했을 때, 범종루가 극락정토로 들어오는 반야용선의 이미지를 갖는다면 완성된 그림이 그려지게 된다. 안양루에서 바라볼 때 멀리서 반야용선이 구름을 타고 들어와 무량수전 밑에 정박하게 된다. 거기서 아미타불을 지극정성으로 부르고 극락에 가기를 원했던 중생들이 내리고, 그 중생들이 안양문을 통하여 극락정토로 들어온다.[20]

　이 부석사 범종루에 관한 설명을 듣고 화성의 북동포루와 서북포루를 보면 배처럼 생겼다는 생각이 들게 된다. 포루가 들어앉은 치 전체가 견고한 판옥선의 몸체의 변형처럼 느껴지는 것이다. 자신의 아버지 사도세자를 위해서 용주사를 중창이라는 명목으로 사실상 창건하고 화성의 연장선상에 용주사를 설정할 정도로 암암리에 불교를 깊이 받아들인 정조에게 있어서 반야용선이나 극락정토 사상은 낯선 것이 아니었다. 유교적 세계관에 묶여 있지 않고 노장의 세계관과도 이미 통하고 있었던 정조에게 이 화성을 극락정토로 만들고자 하는 생각이 없지 않았을 것이다. 그렇게 보면 동북·서북포루 뿐만 아니라 북·서·남포루 모두 반야용선과 같은 역할을 하면서 이 이상향의 도시인 화성에 백성들을 내려놓고 화성에서 이상적인 삶을 누리게 하려는 뜻이 담겨 있다고 할 수 있을 것이다.
　'배'라는 이미지를 가지고 이 포루들을 살펴보면 정조 자신이 배를 언급한 말이 생각난다. 정조가 八達門팔달문의 편액에 대한 설명은 이러하다.

---

20) 전광철 『무량수전에 말 걸다』 (사회세상, 2016) p159

> 八達門팔달문은 산의 이름이 팔달이므로 문도 팔달이라
> 고 하여 사방팔방에서 배와 수레가 모이는 곳이다.
> 八達門 山名八達門亦號八達 四通八達舟車之會也[21]

　화성이 수레가 모이는 곳일 뿐만 아니라 배가 모이는 곳이기도 하다는 것이다. 물론 정조는 여기에서 물자를 실어 나르는 배를 언급하였을 것이다. 사방팔방에서 배에 물자를 싣고 화성에 당도하여 화성이 더욱 풍부하고 윤택한 도성이 되기를 바라는 뜻으로 팔달문이라는 편액을 걸었을 것이다. 포루는 화성에 각지의 산물을 싣고 화성에 당도한 배의 모습을 형상화한 것이고 정조는 그런 점을 염두에 두고 있지 않았을까. 더 나아가서 이 화성이 불교에서 말하는 극락세계와 같은 이상향이 되기를 바라면서 수많은 사람들이 배를 타고 화성에 이르러 행궁의 문 이름 가운데 하나와 같은 至樂지락을 누리기를 바라는 마음이 포루에 담겨 있는 것은 아닐까.

---

21) 『홍재전서』 제 177권

3. 訪花隨柳亭방화수류정

  방화수류정이라는 별칭을 가진 東北角樓동북각루를 그 성벽 아래 있는 용연龍淵쪽에서 올려보면 華城화성의 華자를 닮았다. 지붕은 꽃이 피는 모양이다. 꽃이 피는데 새가 날아가듯 꽃이 피는 모양이어서 생동감이 느껴진다. 정자는 세심하게 화려하고 생기 있는 모습이다. 이 정자 아래 용연의 물이 용의 머리 모양을 한 토수구로 흘러내려 화성을 관통하는 柳川유천과 합류한다. 유천은 자연적으로 있던 것이고, 이 용연에서 흘러가는 물은 용의 입에서 나온 물로서 수원천과 합류함으로써 유천은 이전의 유천과는 질적으로 다른 〈화성의 유천〉이 되는 것이다. 용연의 물은 위로는 방화수류정이라는 꽃이 피게 하고 아래로는 성을 관통하면서 성에 생명을 주고 풍요롭게 하는 물줄기의 시작점에 위치하고 있어 용연을 마치 화성의 심장과 같아 보이게 한다.
  방화수류정에 서면 시가 저절로 읊어진다.

      찾으면 사라지고 따르면 묘연해지는
      이치의 端緖단서를 찾아서
      천천히 밤의 별들과 호흡하며
      새벽 안개 속으로 사라지는

꽃봉오리

色색의 경계

꽃잎 수북한 길을

구름 밟듯 올라가

華虹화홍 아래 薄石박석에

그리운 얼굴 하나 그려지면

언뜻 미소로 시간의 틈으로 흘러들어

문득 꽃뫼[花山]자락 아래

어우러지는 풀벌레 소리에

천년 세월 뒤에

다시 피어 거슬러 오는 꽃을 맞이해

*방화수류정

1) 동장대와 방화수류정

 정조 당대에 붙여진 이름인지 명확하지 않지만 東將臺동장대의 다른 이름은 鍊武臺연무대이다. 동장대는 그 모양과 기능에서 武무를 숭상함을 뜻한다면 訪花隨柳亭방화수류정은 그 文彩문채 나는 모습에서 문문을 숭상하는 뜻이 서려 있어, 연무대와 방화수류정은 文武문무를 숭상하는 뜻을 상보적으로 보여주고 있다. 그 모습에 있어서 두 건축물은 대조적이다. 방화수류정은 정교하고 화려한 모습인데 이는 文문의 뜻을 보여주고 있고, 연무대는 단순하고 넓은 모습을 하고 있는데 이는 武무의 뜻을 보여주고 있다. 정조가 항상 강조했던 바 文武兼全문무겸전의 사상이 이 연무대와 방화수류정을 통해서 잘 드러나고 있다.

*방화수류정   *동장대

 연무대 뒤쪽 玲瓏墻영롱장의 원형 무늬와 방화수류정 서쪽 벽면의 십자 문양이 겹쳐져서 수레 바퀴를 뜻하는 것으로 볼 수 있다. 영롱장의 원형 무늬는 바퀴 테를, 방화수류정의 십자 문양은 바퀴 살을 뜻하는 것으로 볼 수 있는 것이다. 정조는 문과 무를 수레의 바퀴에 비유했는데 연무대의 武무와 방화수류정의 文문이 합쳐져 수레바퀴를 형상화하면서 文武兼全문무겸전을 상징하고 있는 것이다.

*방화수류정 서쪽 벽면의 십자 문양   *동장대 뒤편의 영롱장

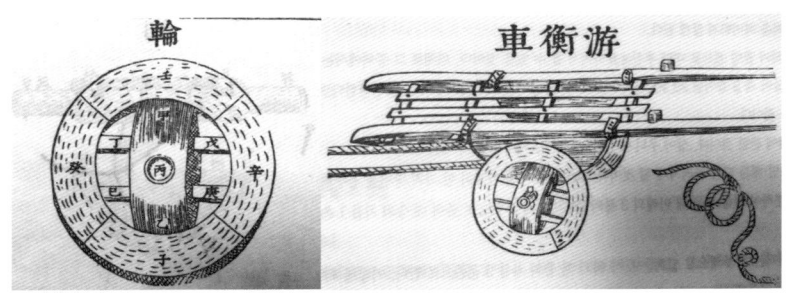

*『의궤』輪륜(바퀴) 그림   *『의궤』游衡車유형거 그림

(1) 문무겸전의 건축물로서의 방화수류정

방화수류정은 적의 동향을 관찰할 수 있기에 유리한 위치에 세워진 초소이자, 적의 공격을 막아낼 수 있는 요새로 지어진 것이다. 1층은 지하실처럼 만들어서 적에게 노출되지 않도록 했고, 2층 마루에는 온돌을 깐 부분이 있어서 추위에 대비하고 장기적으로 군사활동을 하기에 부족함이 없게 한 것이다. 이처럼 방화

수류정은 철저하게 武무와 관련된 군사시설물임과 동시에 그 경관의 수려함과 그 건축물의 미적 감각을 볼 때에는 조선의 3대 누각 가운데 하나로 불릴 정도로 또한 철저하게 文문과 관련된 빼어난 樓亭누정임을 알 수 있다. 방화수류정이 보는 각도에 따라서 그 모양을 달리하는 것도 무의 측면에서는 적을 교란시킨다는 뜻이 있음과 동시에 문의 측면에서는 미적으로 단조로움을 피하고 천변만화하는 아름다움[文彩문채]의 본질을 드러내는 뜻이 있기도 한 것이다. 이런 의미에서 방화수류정 서쪽 벽면의 십자 문양은 문과 무의 적절한 만남과 交合교합을 뜻하는 것으로 보인다. 문과 무가 만날 때에 최상의 강함과 최상의 아름다움이 만나고 있음을 표시하고 있는데 정적인 만남이 아니라 역동적이고 영속적인 만남을 표시하고 있는 것으로 보인다.

화성에서 십자가로는 행궁 앞에 있었는데, 이 방화수류정이 화성의 십자가로를 상징하는 건축물임을 십자 무늬로 표현하고 있는 것으로 보이기도 한다. 방화수류정의 지붕이 十자의 다른 모양이라고 할 수 있는 卍만자 모양으로 되어 있어서 사방팔방으로 퍼져나가는 형상을 하고 있는데 지붕의 중심에는 節甁桶절병통이 있어서 이 방화수류정이 십자가로의 중심점에 해당되는 곳임을 암시하고 있다.

방화수류정이 화성의 中心중심 혹은 重心중심이 될 수 있는 이유는 이 건축물에 文과 武가 최고의 수준에서 만나고 있기 때문이다. 그 아름다움에 있어서 뿐만 아니라 그 요새로서의 중요성과 군사시설물로서의 실용성 모두에 있어서 화성을 대표하는 건축물로서 손색이 없다는 점을 보아도 이 방화수류정이 화성의 중심이 되고 있음을 알 수 있다.

*지붕 가운데 있는 것이 절병통

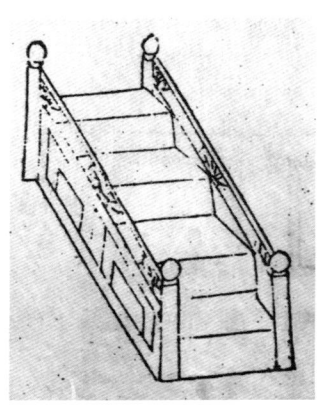

*『의궤』 고란층제와 그 측면에 붙인 X자 모양의 교란

『의궤』의 방화수류정에 대한 그림과 설명을 보면 마당에서 月 臺월대로 올라가는 네 단의 장대석 계단을 설치했는데 四層步石 사층보석이라고 한다. 이 步石보석을 올라서면 方塼방전 깔린 월대가 있는데 이 월대는 두 사람이 짝지어 활을 쏘면서[耦射우 사] 揖讓읍양의 예를 올릴 수 있을 정도의 넓이를 가지고 있다.

이 월대에서 정자의 서쪽과 북쪽 마루로 올라가는 곳에 高欄層梯고란층제를 설치했다. 고란층제란 X자 모양의 交欄교란을 붙인 층대를 가리킨다.

　동쪽의 보석은 경사가 급하고 남쪽의 보석은 경사가 그보다 완만하다. 누각의 서쪽 마루로 올라가는 층제는 경사가 급하고 북쪽 마루로 올라가는 층제는 경사가 완만하다. 경사가 급한 보석으로 월대에 올라가서 직진하면 경사가 급한 층제를 통해 누각의 서쪽 마루로 올라가게 되어 있고, 경사가 완만한 보석으로 월대에 올라가서 직진하면 경사가 완만한 층제를 통해 누각의 북쪽 마루로 올라가게 되어 있다. 완만한 경사의 보석과 층제는 文문을, 경사가 급한 보석과 층제는 武무를 상징한다고 할 수 있다. 무는 역시 긴장된 상태를, 문은 다소 이완된 상태를 뜻하는 것으로 볼 수 있기 때문이다. 문무를 상징하는 두 보석을 올라서면 나오는 월대는 문과 무의 만남의 장이라고 할 수 있다. 이 월대는 활쏘기를 할 수 있는 곳으로 꾸며졌는데 문과 무의 만남이 화살이 정곡을 맞추듯이 하나의 지향점을 향해서 나아가고 중심을 잃지 말아야 함을 상징적으로 보여주는 것이다.

　이 월대에서 두 층제를 오르게 되어 있는데 두 층제에 붙여진 X자 모양의 교란 역시 문과 무의 만남을 상징하는 것으로 보인다. 경사가 급한 층제를 오르면 직사각형 모양의 누각 서쪽으로 오르게 되어 있는데 이 단조로운 모양을 한 누각의 서쪽은 武무를 뜻하는 것으로 볼 수 있고, 경사가 완만한 층제를 오르면 다채롭고 오묘한 형상으로 만들어진 누각의 북쪽으로 이어지고 있는데 이는 文을 뜻하는 것으로 볼 수 있다. (이 마루 모양에 대하여 유봉학은 '정자 안 북쪽에 국왕과 근신들의 자리를 배치하고, 일반 신료들은 남쪽으로 길게 빼어낸 공간에 상을 놓고 마주앉을 수 있도록 설계하였다. 꼭 필요한 만큼의 공간을 아름답게 구획하여 기능적으로 배치하였던 것에 탄복하지 않을 수 없다'고 했다.)[22]

이렇게 해서 이 방화수류정은 文武兼全문무겸전의 사상을 건축물의 시설과 구조를 통해서 표상하고 있다. 이 문무겸전의 상태가 적을 완벽하게 물리칠 수 있음을 보여주고 있는 것이다. 정조는 문무가 공히 함께 해야 한다는 굳은 신념을 가지고 있었고 '文講문강·武講무강·文製문제·武射무사는 바로 수레의 바퀴와 새의 날개 같은 것이어서 한쪽만을 버릴 수가 없는 것'이라고 말하기도 했고(『정조실록』 정조 5년 2월 18일) 문치와 무략을 겸비하는 나라를 세우겠다는 선언을 하기도 했다(『정조실록』 정조 2년 6월 4일). 또한 '문과 무를 병용하는 것이 국운을 장구하게 하는 계책'이라고 했다.[23] 문과 무, 여유로움과 급박함이 어우러지는 가운데서 적을 완전히 제압하고 이 화성의 태평성대가 이루어질 수 있음을 보여주고 있다. 그래서 이 방화수류정이 華城화성의 꽃[花=華]일 수 있는 것이다. 태평성대가 이루어져 화려하게 피어난 꽃과 같은 세상을 꿈꾸는 곳이 바로 화성이라는 것을 이 방화수류정이 현시하고 있다.

---

22) 유봉학 『꿈의 문화유산, 화성』 (신구문화사, 1996) p57
23) 『홍재전서』 제 48권, 「策文책문」 1

*방화수류정의 보석과 고란충제, 오른쪽 『의궤』의 그림.
서쪽 고란충제는 현재 복원되지 않은 상태이다.

*방화수류정의 서쪽 마루와 북쪽 마루.
단조로운 서쪽마루는 무, 다채로운 북쪽마루는 문을 상징한다.

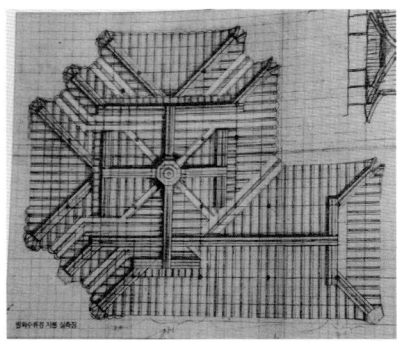

*방화수류정 지붕 실측장. 도면의 왼쪽이 누각의 북쪽으로 다채로운 모습을, 오른쪽 아래는 누각의 남쪽으로 단조로운 모습을 볼 수 있다. (수원화성박물관 편 『마음으로 그린 꿈 역사로 이어지고-도면에 담긴 우리 건축』(수원화성박물관, 2011) 수록)

정조는 문과 무를 새의 날개와 같은 것이라고 하는데 文武문무라는 새의 날개가 온전히 구비되면 날아갈 수 있는 것이고 文武兼全문무겸전을 상징하는 방화수류정을 북쪽 아래에서 바라보면 새가 날아가는 모양이 연상되는 데에서 그러한 뜻을 볼 수 있는 것이다. 文武문무가 온전히 구비된 나라가 될 때에 비상할 수 있음을, 그리고 문무가 온전히 구비된 나라가 날아가는 모습은 지극히 아름다울 수 있음을 이 누각이 보여주고 있는 것이다.

정조는 군사훈련 실시를 명하면서 '군이란 일정한 형식이 없고 중요한 것은 때에 따라 변통하는 데 있다'(軍無常形 貴在隨時通變)는 말을 한다. 이 방화수류정의 북쪽 누각을 지은 모양을 보면 일정한 형식을 가진 것이 아니라 중요한 것을 때에 따라 변통하듯이 지은 것이라는 생각을 하게 하는데 그 아래로 반달 모양의 용연과 어우러지면서 기묘함을 더하고 있다.

문무겸전이란 문과 무가 따로 있어서 합쳐지는 것이 아니라 문과 무가 한 몸을 이루고 있어서 문에는 이미 무가 있고, 무에는 이미 문이 있는 그런 상태라는 것을 알 수 있다. 화성에서 그런 문무겸전의 사상을 가장 잘 표상하고 있는 것이 바로 이 방화수류정인 것이다.

신영훈은 방화수류정에 대해서 언급하면서 '이 지붕의 구조는 성 밖에서 바라다보는 눈을 의식하고 十십자형으로 교차하게 하고 그 끝에 합각을 세웠다. 바라다보는 눈에 그것이 중심이 되어 좌우가 균제된 듯이 보이도록 균형을 잡으려한 배려가 그 구성에 담겼다' [24)]고 했는데 이 또한 문무겸전의 사상과도 관련되는 것으로 볼 수 있다.

---

24) 신영훈 『수원의 화성』 (조선일보사, 1999(재판)) p80

(2) 전략적인 요충지

『의궤』에는 방화수류정이 전쟁에서 자기편에는 꼭 필요하면서도 적에게는 해로운 지점을 가리키는 要害處요해처임을 말하고 나서 설명을 이렇게 이어진다.

장안문을 잡아 당겨 화홍문과 이어지게 함으로써 앞 뒤로 서로 마주 응하여 한 쪽 면을 제압하고 있다.
控長安 接華虹 掎角相須 以制一面者也

長安門장안문을 잡아 당겨서 華虹門화홍문과 이어지게 하면 화홍문이 안쪽에 있고 화홍문 바깥쪽에 장안문이 있게 된다. 장안문과 화홍문은 거리가 상당히 떨어져 있는데 방화수류정에서 보면 장안문과 화홍문을 보고 장안문을 끌어다가 시야에서 화홍문 앞에 놓을 수가 있다. 장안문을 끌어당겨서 화홍문과 이어 놓게 되었을 때, 성 안으로 들어가려면 장안문을 거쳐서 화홍문으로 가야 하는 모양새가 된다. 掎角기각을 이루어서 서로 응하게 된다는 것인데, 기각이란 서로 앞뒤에서 應응하여 적을 견제하는 형세를 가리킨다. 앞뒤에서 응한다는 것은 장안문과 화홍문이 앞뒤에서 응하고 있음을 뜻한다. 방화수류정이 있음으로써 장안문과 화홍문이 앞뒤로 연결되어서 앞뒤에서 서로 응하는 형세가 되었다는 것이다. 이 방화수류정이 요해처를 장악하고 있음으로 해서 '한쪽 면을 제압하고 있다'는 것인데 방화수류정에서 화홍문 장안문에 이르는 성곽 부분을 '一面일면'이라고 한다. 장안문에서 화홍문을 거쳐 방화수류정에 이르는 이 부분을 진두지휘하고 있는 곳이 방화수류정이라는 것이다. 방화수류정이 없었으면 이 한 면이 제압되지 않았을 것이라는 뜻이다. 장안문은 화성의 정문이고, 화홍문은 사도세자의 무덤인 현륭원과 화성의 궁궐인 행궁으로 가는, 왕릉으로서의 현륭원과 왕궁으로서의 행궁으로 가는 공통되는 정문인데, 장안문과 화홍문이 방화수류정으로 인해서 기각을 이루게 되니 이 방화수류정이 이 성의 가장 중요한 부분을 제어하고 완성시키는 일을 하고 있는 것이다.

*1. 장안문 2. 화홍문 3. 방화수류정

(3) 만남

방화수류정이 전략적인 요충지라는 말은 그만큼 여러 가지 만남이 이루어지는 곳이라는 뜻이기도 하다. 방화수류정에서 이루어지는 만남들을 보자. 광교산이 서쪽으로 늘어져서 방화수류정이 세워진 용머리[龍頭용두]에서 아퀴가 지어지고 있다. 이 용두 앞에 용연이 있고 용연에서 흘러넘치는 물이 용 머리를 통해서 수원천과 합쳐져 화홍문으로 흘러든다. 광교산의 정기를 모아서 화성으로 이어주는 곳이다. 광교산 너머에는 한양이 있으니 한양의 맥이 이 용머리에서 집약되고 화성에 전해지고 있는 모양새다. 한양과 화성 아래의 지방들을 이어주고 있는 역할을 이 화성이 하고 있음을 알게 해준다.

『의궤』에는 방화수류정의 위치를 말하면서 '벽성의 서북 19보, 용연의 위에 있다'(在甓城西北十九步 龍淵之上)고 한다. '벽성'이란 北暗門북암문을 포함해서 그 좌우의 벽돌로 쌓은 성벽을 가리킨다. 이 벽돌로 지은 성벽이 방화수류정의 돌로 지은 석성과 만나고 있다. 벽돌과 돌은 화성 성곽의 주요한 두 가지 재료이고, 이는 전통적인 기술[돌]과 외래의 기술[벽돌]의 만남이라고 볼 수 있다.

*방화수류정에서 벽돌로 된 성곽과 돌로 된 성곽이 만나고 있다.

방화수류정은 건축재에 있어서 여러 가지가 만나고 있다. 이 방화수류정의 서쪽 벽면은 돌과 나무로 틀을 만들고 그 안에 벽돌로 채워 넣는 방식의 甓砌石緣벽체석연 기법을 통해서 재료들의 다채로운 만남이 이루어지고 있다. 벽돌을 쌓을 때 벽돌 사이에 十십자형의 틈이 생기도록 쌓고 틈새에 흰 회를 채워 막는 방식으로 함으로써 또 다른 재료인 회가 더해지고 있음을 볼 수 있다. 방화수류정 지붕의 절병통은 여러 기둥들의 만남을 제어하면서 정리해주고 있어서 복잡다단하지만 정제된 아름다움을 보여주고 있다. 방화수류정은 앞서 상세히 논한 바와 같이 문과 무의 만남의 장임을 알 수가 있다.

화성을 대표하는 건축물인 방화수류정에 이렇게 여러 가지 만남이 집약적으로 구현되어 있는 것은 이 화성이 이러한 만남의 장이라는 것을 보여주고 있는 것이다. 동서양 예술과 기술의 만남, 문과 무의 만남, 한양과 지방의 만남, 단순함과 복잡함의 만남, 文문과 質질의 만남 등이 이루어지고 있는 장이 바로 화성이며 또한 그 만남의 장의 축소판이 방화수류정이 되고 있는 것이다.

> 質질(본바탕)이 文(아름다운 외관)을 이기면 촌스럽고,
> 文문이 質질을 이기면 史사(겉치레만 잘함)하니, 문과
> 질이 적당히 배합된 뒤에야 군자이다.
> 質勝文則野 文勝質則史 文質彬彬然後君子[25]

방화수류정은 질박한 본바탕[質]과 아름다운 외관[文]이 잘 배합되어 조화를 이루고 있으므로 이상적인 아름다움을 뽐내고 있

---

25) 성백효 역주 『論語 集註논어 집주』 (전통문화연구회, 1995) p117

다. 만남을 통한 온전한 아름다움의 성취를 추구하고 있는 곳이 화성임을 이 방화수류정은 극명하게 보여주고 있다.

 방화수류정 앞의 용연은 반달 모양이다. 연못, 즉 물[水]이 반쪽을 이루고 방화수류정이 있는 뭍[陸]이 나머지 반쪽을 이룸으로써 물과 뭍의 만남을 이야기하고 있는 것으로 보인다. 반달 모양의 연못 가운데에 작은 섬이 있는데 연못과 섬의 만남은 물[水]과 흙[土]의 만남 혹은 또한 반달 모양의 연못은 그 깊이에 있어서 가장 낮은 곳을 뜻하고, 방화수류정의 꼭대기에 있는 절병통은 가장 높은 곳을 뜻하는 것으로도 볼 수 있으므로 이는 가장 높은 곳과 가장 낮은 곳의 만남이라고 볼 수도 있는 것이다. 『의궤』에서는 이곳에서 산과 들이 만나고 있다(山野之交)고 말하고 있다. '인공과 자연이 조화된 걸작'이라고 할 수 있는 것이다.[26] 용연과 방화수류정이 접하는 곳이라고 할 수 있는 방화수류정의 북쪽 난간은 각진 부분들을 판자로 덧대어서 그 만남이 형편에 맞게 대응되면서 유연하게 이루어지고 있음을 보여주고 있다.

*십자가 모양의 서까래

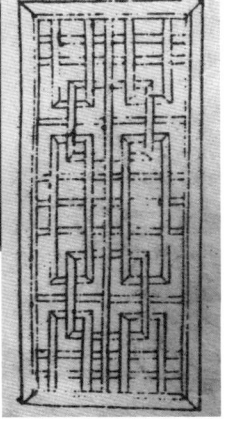

*『의궤』 만자 쇄창

---

26) 최홍규 『정조의 화성건설』 (일지사, 2001) 174p

『의궤』에는 또 '평난간 위에 卍만자 쇄창[鎖]'을 갖추고, '온돌 4면에는 또 다시 卍만자 障子장자'를 갖추도록 규정하고 있어서 十십자의 변형인 卍만자를 특별히 언급하고 있고, 성 바깥쪽은 X자 모양의 交欄교란으로 띠처럼 둘렀다. X자 모양 역시 십자 문양이라고 할 수 있고, 서까래에는 십자가 모양이 선명하며, 서쪽 벽면에는 十십자 문양을 만들어 넣음으로써 이 방화수류정이 만남의 곳이라는 사실을 암시하고 있다. 이러한 만남이 제대로 이루어질 때에 새가 두 날개가 온전하여 날아갈 수 있고, 수레의 양쪽 바퀴가 온전하게 굴러가면서 수레가 잘 나아갈 수 있는 것처럼, 이 화성이 여러 만남을 제대로 이루어내면서 전진하고 날아갈 수 있을 것임을 이 방화수류정을 통해서 보여주고자 한 것이다.

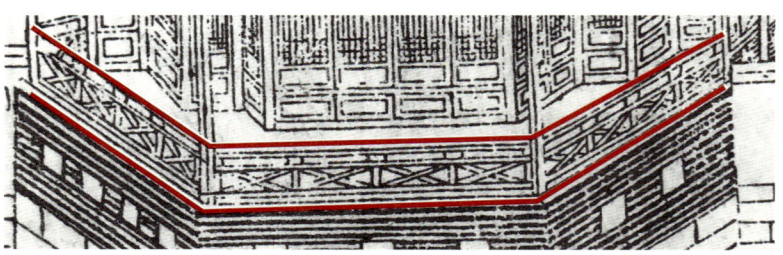

* 붉은 테두리 안쪽이 X자 모양의 교란 (『의궤』 동북각루 외도(부분))

(4) 방화수류정의 甓砌石緣벽체석연 그 상징적 의미

『의궤』에 벽체석연, 즉 '돌 액자 속의 벽돌벽'이라는 뜻을 가진 기법 혹은 디자인(design)에 관한 이야기가 나온다. 돌을 가지고 마치 액자를 만들 듯이 네모난 틀을 짜고 그 안에 벽돌로 벽면을 채우는 방식을 말한다. 이 벽체석연은 행궁의 낙남헌과 동장대, 그리고 訪花隨柳亭방화수류정의 기단 부분에 만들어졌다.[27] 현대 건축가의 말을 들으면 이 벽체석연은 심오한 뜻을 가지고 있음을 읽을 수 있다.

> (젬퍼(Gottfried Semper)에 따르면-인용자 보충) 골조(framework)는 기체성과 매스의 비물질화를 지향하는 반면, 매스 형식은 大地대지적이어서 자신을 땅속 더 깊이 박기를 지향한다. 전자는 빛을, 후자는 어둠을 향한다. 이러한 두 중력적 대립, 곧 프레임의 비물질성과 매스의 물질성은 두 우주적 대립 곧 하늘과 땅을 상징한다. 그리고 투명함-불투명함, 매끄러움-거침도 나타낸다.[28]

벽체석연의 틀은, 젬퍼에 있어서의 골조와 같이 氣體性기체성, 매스의 비물질화를 드러내고, 빛을 향하고 있다면, 반면에 액자와 같은 틀 속을 채우고 있는 벽돌은 젬퍼에 있어서의 매스와 같이 大地的대지적이고 땅속 더 깊이 박기를 지향하고 어둠을 향하고 있다고 할 수 있다. 화성의 벽체석연 기법 혹은 디자인은 이처럼 하늘과 땅을 상징하고 있다. 『의궤』에 이 벽체석연이라는 이름을 싣고 그림까지 그려서 설명하고 있는 것은 이런 기단이 화성에서 처음 시도되었기 때문인 듯싶기도 하고,[29] 더 나아가 이 화성이 새로운 하늘과 땅이 만나는 이상향이라는 것을 드러내 보여 주고자 하는 뜻이 있기도 한 것이다.

---

27) 김동욱 『실학정신으로 세운 조선의 신도시 수원 화성』 (돌베개, 2002) p154
28) 이종건 『시적 공간』 (궁리, 2016) p65
29) 김동욱 『실학정신으로 세운 조선의 신도시 수원 화성』 (돌베개, 2002) p154

*방화수류정 서쪽 벽면의 십자문양

　벽체석연 기법 혹은 디자인이 사용된 곳은 세 곳인데 행궁의 낙남헌과 동장대의 기단 부분은 돌로 된 틀과 벽돌로 그 틀 안을 채우는 방식이었다면, 방화수류정은 돌+목조 틀에 벽돌 벽의 결합을 보여준다. 사각형 틀의 하변과 좌우변의 중간 아랫부분은 돌로 상변과 좌우변의 중간 윗부분은 나무로 되어 있다. 이렇게 만들어진 액자 안은 벽돌로 되어 있다. 벽돌 부분의 절반 윗부분은 십자무늬로 장식되어 있다. 이런 모양으로 세 개의 액자가 연이어 있다. 우선, 세 개의 액자는 天地人천지인 각각 하나씩을 가리키는 것을 볼 수 있다. 하늘과 땅과 사람이 각각 하나의 우주를 이루면서 그 셋이 또한 天地人천지인으로서 하나의 우주를 이루고 있는 모습이라고 할 수 있다. 天地人천지인 각각 하나하나를 소우주로 보고, 그 안에서 우주의 원리가 적용되고 있고, 더 큰 원리로 천지인 모두를 아우르고 있음을 보여주는 것이다. 유학이나 주자학의 천지인의 원리, 堯舜요순을 성인으로 떠받들면서 그들의 생각을 최고의 가치로 여기고 있던 그 시대적 한계를 넘어서고 있는 것이다. 말하자면, 저 세 개의 액자 가운데 하나가 유학이나 주자학에서 말하는 천지인의 원리이고, 세 개의 액자가 상징하는 것은 그것을 넘어선 더 큰 원리인 것이다.

저 십자무늬는 무엇인가? 이런 맥락에서 보면 새로운 이상향에 떠오른 별[星]을 형상화한 것처럼 보인다. 하늘에도 별이 떠있고, 땅에도 별이 떠있고, 사람에게도 별이 떠있다.

(5) 서쪽 벽면 십자 문양의 군사적 의미망

십자 문양이 단순히 장식으로 끝나는 것이 아니라 군사시설물에서의 기능이 있을 것이다. 방화수류정의 서쪽 벽면은 성 안쪽이다. 성 바깥쪽으로 향한 벽면에는 총안이라는 구멍을 뚫어 그곳으로 활이나 포를 쏘지만 성 안쪽으로 향한 벽면에는 그러한 구멍이 없고 십자 문양을 만들어 놓았다. 십자 문양을 만드는 방법은 벽돌로 벽을 쌓는데 십자 문양의 공간이 비어 있게 만들고 나서 그 빈 곳에 회를 메우는 식으로 했다. 이렇게 만들려면 다른 색깔의 벽돌을 사용해서 문양을 만드는 방식보다 더 공력이 들게 되어 있다. 이것은 단순히 아름답게 만들려고 하는 미적인 감각에서만 연유한 것이 아니라, 군사적인 기능이 있는 바, 그것은 유사시에 이 회로 메워진 부분을 쳐서 깨버리면 총안이 될 수 있게 한 것으로서 매우 실용적인 감각에서 연유한 것이기도 하다. 평상시에는 이 총안이 필요 없지만 적군이 성을 넘어 쳐들어 왔을 때 이 방화수류정 안에서, 그리고 화홍문 안에서 적군과 교전하던 군사는 이 십자 문양이 있는 곳을 깨버리면 회로 막혀 있던 부분이 구멍이 되어서 그리로 적군을 보면서 공격을 할 수 있게 되는 것이고 그렇게 되면 그만큼 적군의 성안으로의 진입을 지연시킬 수 있는 효과가 있는 것이다. 방화수류정의 십자 문양이 있는 서쪽 벽면에서 화홍문으로 침입하려는 적들을 향해서 활이나 총을 쏠 수 있게 되어 있어서, 적군이 성을 넘어오지 않았을 때에라도 위급한 상황이 되면 이 십자 문양이 있는 서쪽 벽은 대단히 중요한 공격용 요새로 탈바꿈될 수 있도록 설계된 것이다. 방화수류정은 이처럼 미적인 측면 그리고 군사적이고 전략적인 요새라는 측면이 모두 어우러져 있는 빼어난 건축물인 것이다. 아름답기만 하고 군사적인 효용성이 없이 벽면을 저렇듯 꾸며놓았다면 화성의 건축물로는 실격이 아닐 수 없고, 진정한 실학 정신에서 나온 것이라고 볼 수 없는 것이다.

*화홍문 바깥쪽에서 바라본 방화수류정과 서쪽 벽면의 십자 문양

(6) 방화수류정과 화홍문의 십자 문양

『의궤』의 도면을 보면 방화수류정 서쪽 벽면에 십자 문양이 있고, 화홍문의 성 안쪽의 난간 아래 두 면에 십자 문양이 있다(화홍문의 십자 문양은 현재 다른 문양으로 복원되어 있다). 방화수류정 앞의 용연에서 나온 물이 화홍문 아래로 흘러가게 되어 있고 訪花隨柳亭방화수류정의 花화는 華虹門화홍문의 華화와 통하는 글자로 방화수류정과 화홍문은 밀접한 연관을 가지고 있는데 화성의 시설물 가운데 이 두 곳에만 십자 문양이 있어서 이 둘의 관계를 더욱 분명하게 보여주고 있다. 십자 문양의 의미는 교차하면서 만나는 것이라고 할 수 있는데, 방화수류정에서는 여러 가지 것들이 만나고 있어서 교차와 만남의 뜻을 보여주고 있는 바, 특별히 문과 무의 만남을 볼 수 있다. 화홍문에서의 교차와 만남은 성의 안과 밖의 만남이고, 이는 또한 왕과 백성의 만남이다. 왕과 백성이 만나면서 무지개를 띄우는 아름다운 광경을 연출하는 것이다. (그림은 화홍문을 다룬 부분 참조.)

4. 空心墩공심돈

　화성에 있는 공심돈은 서북공심돈과 남공심돈, 동북공심돈 세 곳이다. 西北서북공심돈은 華西門화서문 옆 北雉북치 위에 있고, 南남공심돈은 南暗門남암문의 東雉동치 위에, 東北동북공심돈은 東北弩臺동북노대의 서쪽 60보쯤 되는 거리에 있다. 空心공심이란 '마음을 비운다' 혹은 '빈 마음'이라는 뜻. 공심돈의 안쪽이 비어 있다고 해서 이런 이름이 붙었는데, 사다리를 설치해서 위아래로 오르내리면서 밖을 향해서 공격을 하도록 되어 있고, 맨 위의 墩臺돈대에서는 적들의 동향을 감시할 수 있는 초소의 역할을 할 수 있게 되어 있다.

　空心공심이란 말의 의미를 화성 전체에 확대시켜서 보자면, 화성의 마음이 빈 마음이 되어야 함을 뜻한 것으로 해석할 수 있다. 공심돈 셋을 남공심돈을 꼭짓점으로 하고 남공심돈과 서북공심돈을 잇고, 남공심돈과 동북공심돈을 이은 그 사이의 각의 가운데로 柳川유천이 흐르고 있음을 볼 수 있다. 空心공심이란 흐르는 물과 같은 것인데 흐르지 않으면 고여 있게 되고 고여 있으면 부패하게 되어 있다. 흐르지 않는 물은 변화를 알지 못하는 상태와 같다. 흐르는 물은 만나는 모든 것들을 감싸 안고 흘러간다. 공심돈은 적을 이기는 데에 매우 유용하게 사용될 수 있는 시설물이었다. 그 상징적인 의미를 살피면 적을 이기는 데에 있어서 가장 유용한 것은 자기의 마음을 비우는 것이라는 뜻이 된다. 자기의 마음을 비우는 자가 최후의 승자가 될 수 있을 것이다. 자기 마음을 비우되 흐르는 물과 같이 비우는 자인 것이다. 자기를 늘 새롭게 하는 자가 곧 자기를 비우는 자가 될 수 있다.

 물과 같다는 것은 손자가 말하는 兵形象水병형상수, 즉 군대는 물처럼 변해야 하고 무정형의 존재가 될 수 있어야 한다고 한 말과 통하고 있으며, 노자가 '지극히 선한 것은 마치 물과 같다(上善若水상선약수)'고 하는 말과도 역시 통하고 있다. 노자의 상선약수는 단순히 물에 대한 예찬이 아니고 물처럼 움직이고 물과 같은 존재가 되어 이기고 강해지고 지지 않고 위태로워지지 않을 수 있다는 뜻이다.[30]

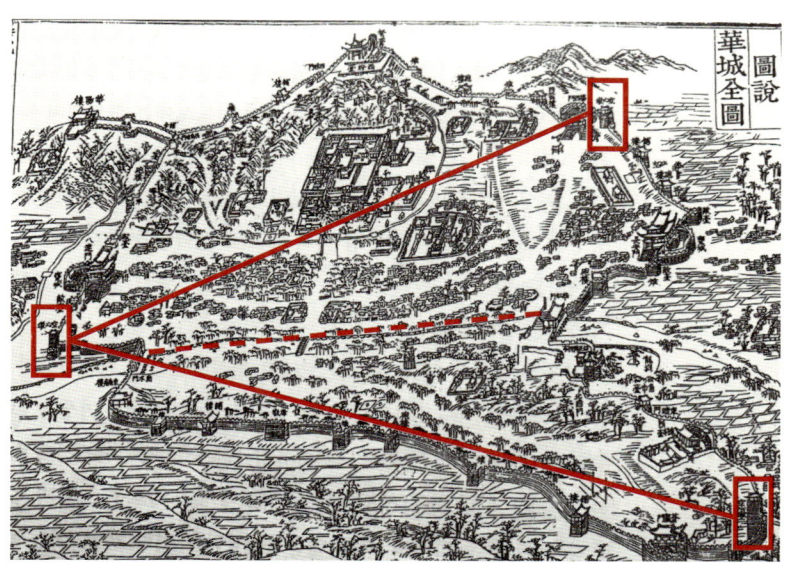

*왼쪽이 남공심돈 오른쪽 위가 서북공심돈 오른쪽 아래가 동북공심돈 가운데 점선이 유천

---

30) 임건순 『손자병법』 (서해문집, 2016) pp513-514

空心공심이란 불교에서 '텅 빈 마음. 아무런 욕심도 없고, 사량 계교 번뇌 망상도 없이 순수하고 청정한 본래마음' 혹은 '선입관념이나 자기 고집에 집착하지 않는 마음. 물 흐르고 바람 불 듯 자연과 하나 된 마음'을 가리킨다. 화성을 북에서 남으로 흐르는 유천의 물의 흐름과 같이 이전 것을 보내고 새로운 것을 받아들이는 자세, 그것이 空心이라고 할 수 있다. 이 空心공심이 화성을 지키는 요체인 것이다.

華城화성의 이름의 유래가 된 고사가 나오는 『莊子장자』「天地천지」편에

대저 도란 만물을 덮어 주고 실어 주는 것이다. 넓고도 크구나. 군자는 사심을 도려내지 않아서는 안 된다.
夫道覆載萬物者也 洋洋乎大哉 君子不可以不剟心焉

참된 군자는 자기의 마음을 끝없이 비우는 자라는 것을 말하고 있다. 정조는 화성의 공심돈을 특별히 신하들에게 자랑하면서 마음껏 구경하라고 할 정도로 이 공심돈에 상당한 자부심과 애정을 가지고 있었음을 알 수 있다. 정조의 마음 속에는 장자의 이 구절이 들어 있지 않았을까. 끝없이 자기 속을 파내고, 자기의 마음을 비우는 그 자세로 이 화성이 움직일 때에 영원한 이상적인 성인의 나라가 세워질 수 있을 것이라는 생각을 하고 있었을 것이다. 이런 생각은 각건대와 암문의 정신과도 통하고 있는 것이다.

화성의 공심돈 셋의 모양을 보면 남공심돈은 네 모서리가 분명한 사각형, 서북공심돈의 사각형은 성 안쪽의 두 모서리는 직각

으로 되어 있고, 성 밖의 두 모서리는 깎아서 둥글게 되어 있다. 동북공심돈은 전체 모양이 원형으로 되어 있다. 세 공심돈의 모양이 각각 다른 데에는 마음을 끝없이 비운다는 것이 곧 자기 자신의 모습을 잃는 것과 같은 것이 아니라는 뜻이 담겨 있다. 자기 자신을 비우면 비울수록 오히려 자기 자신 본래의 모습은 더욱 분명해지는 것이 바른 이치이고, 이렇게 될 때에 진실로 화합이 이루어질 수 있는 것이다.

> 성과 성가퀴가 이미 완성된 지금 먼저 할 것은 곧 '집집마다 넉넉하고 차 있으며 사람마다 화락한다(戶戶富實人人和樂)'는 8글자이다. 富부하게 하는 方策방책을 조정 여러 대신과 연구하되, 세금을 감해주는 은전은 또한 人和인화 가운데에 속하는 한 가지 일이다.[31]

정조가 화성에서 이룩하고자 한 세상의 모습은 人人和樂인인화락인데 인인화락의 참된 모습은 각 사람[人] 자신의 본래의 모습을 잃지 않으면서 화합하고 즐거움을 누리는 것[和樂]이다. 각 사람의 본래의 모습을 해치고 억지로 이루는 것을 화합이라 한다면 그것은 화합이 아니고 강제적인 통일이 되어 반드시 부작용이 일어나고 다시 분열되고 즐거움은 사라지게 되어 있는 것이다. 정조가 바란 인인화락은 자기를 지키면서 화합하여 즐거움을 누리는 것이었다. 정조의 인인화락의 사상을 정조가 아끼고 자부심을 가지고 자랑했던 공심돈이 증언하고 있다.

---

31) 『의궤』 傳敎전교 정사년(1797) 정월 29일

*동북공심돈　　　　　　　　*서북공심돈

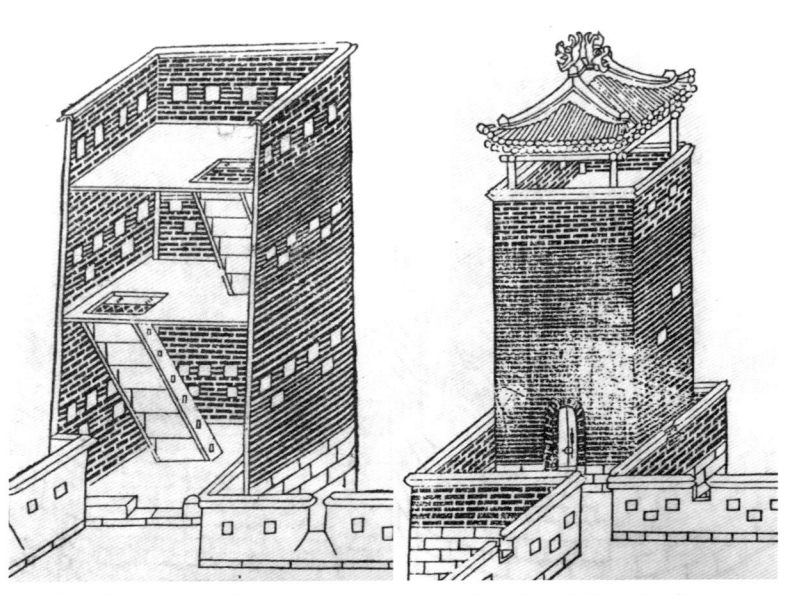

*『의궤』서북공심돈 裏圖이도　　*『의궤』남공심돈 내도

5. 華虹門화홍문(北水門북수문)

　방화수류정 아래 용연에서 나온 물이 화성으로 흘러드는 수원천과 만나 화홍문 아래 일곱 개의 수문으로 통과해서 화성 중심부를 흐르는 柳川유천으로 화성 남쪽의 남수문 아래로 흘러간다. 북수문 위에 누각을 짓고 화홍문이라 했다. 華城화성의 華화, 訪花隨柳亭방화수류정의 花화(=華), 여기 華虹門화홍문의 華화. 이곳 화성의 북쪽에, 머리 부분에서 꽃이 만발하는데 무지개[虹홍]까지 걸렸다. 화성을 잘 아는 이들은 그래서 예외 없이 방화수류정과 화홍문을 화성에서 꼭 봐야 할 곳으로 추천하고 있다.

*화홍문, 오른쪽 위는 방화수류정

1) 무지개의 의미

 '華虹화홍'이란 화성[華]의 무지개[虹] 혹은 화려한 무지개, 혹은 꽃의 무지개라는 뜻일 것. 무지개란 비가 갠 후에 걸리는 것이다. 충분한 비가 내린 후에 화려한 무지개가 걸리니 상서로운 징조가 아닐 수 없다. 무지개가 항상 걸려 있음이니 항상 비가 내리고 있음이 전제되고 있는 것. 물이 마르지 않고 항상 흐르기를 바라는 마음이 담겨 있는 것이다. 하지만 정조는 하늘의 도움만을 바라고 있지 않았고, 화성 주변에 저수지들을 만들어 화성에 항상 물이 마르지 않고 흐르도록 했다. 말하자면 비가 내리지 않아도 무지개는 항상 걸려 있도록 만든 것이다. 익히 아는 바와 같이 무지개는 노아의 대홍수 후에 신이 다시는 홍수로 심판하지 않겠다는 약속으로 하늘에 걸어놓은 것으로 되어 있는데 이는 인류에게 보편적인 상징이라고 할 수 있다. 가뭄에는 저수지의 물로 말미암아 무지개가 뜨기를 바라는 마음, 홍수가 져서 너무 물이 넘치고 해를 당하지 않기를 바라는 마음을 이 화홍문이라는 이름에 담은 것이다.

 무지개의 또 다른 의미는 싸움의 종결이다. 신은 인간들을 대홍수로 해치는 싸움을 멈추겠다는 뜻으로 칼날이나 활 따위의 무기를 닮은 무지개를 하늘에 걸어놓고 약속을 한 것이다. 화성은 전쟁에 대비하는 성이지만 궁극적으로는 전쟁의 종결과 평화를 지향하는 성이라는 사실을 이 화홍문이라는 아름다운 전각을 무지개처럼 걸어놓고 웅변하고 있는 것이다. (전쟁의 종결과 평화의 사상은 각건대와 화양루에서도 모두 볼 수 있다.)

2) 왕과 백성

화홍문 현판이 있는 쪽 앞 양쪽에 해치상이 있다(이 '해치상'에 대해서는 바로 이어지는 단락에서 다룬다). 광화문 양쪽에 서 있는 해치상과 구조가 같다. 화홍문이 광화문에 해당되는 셈이다. 광화문 현판이 걸린 곳으로 들어가면 궁궐로 들어가게 되어 있는데, 화홍문 현판이 걸린 곳으로 들어가면 화성 바깥으로 나가게 되어 있다. 화홍문 성 밖이 궁궐이라는 뜻이다. 성 밖에는 백성들이 거주하는 민가가 있었는데, 민가가 곧 궁궐이라고 말하고 있는 듯하다. 화홍문 안으로 들어오면 바닥에 박석이 깔려 있어 이 화성 안쪽이 곧 왕궁임을 보여주고 있다. 그러니까, 화홍문 안쪽과 바깥쪽이 모두 왕궁이라는 것이다. 화홍문의 무지개[虹홍]는 바깥의 왕[백성]과 안쪽의 왕[임금]을 이어주는 가교 역할을 하고 있다. 백성도 왕이고 왕 역시 왕이라는 사상을 대변하고 있는 것이다. 모두가 왕인 세상을 그리고 있다. 民민이 天천인 세상을 그리고 있다. 하늘과 하늘 사이에 무지개가 걸리는 것처럼, 하늘과 하늘 사이에 무지개를 상징하는 화홍문이 세워져 백성과 왕이 대등하게 만나고 있음을 상징적으로 보여준다.

*화홍문과 해치상

3) 해치상과 박석

『의궤』에는 화홍문 양쪽에 세워진 석상을 螭柱石이주석이라고 한다. 이를 한글 번역본에서는 '이무기 기둥돌'이라고 해서 螭이를 '이무기'로 번역했다. 螭이의 뜻을 보면, '전설상의 동물로 뿔이 없는 용'이다. 그런데 보통 '이무기'라고 하면 '어떤 저주에 의하여 용이 되지 못하고 물속에 산다는, 여러 해 묵은 큰 구렁이'를 이르는 것이다. 화홍문 앞에 있는 석상은 큰 구렁이는 아니기 때문에 螭이는 뿔이 없는 용인 螭龍이룡을 가리키는 것으로 보아야겠지만 그렇다고 이룡이라고 할 수 없다. 『의궤』에 그려진 그림의 동물인 螭獸이수에 대해서 '한자의 의미대로라면 이무기이지만 생김새로 미루어 해태(=해치-인용자)상으로 보인다'[32]는 견해도 있고 이무기도 아니고 용도 아니고 해치라고 보아야 정확할 것이다.

방화수류정 앞의 龍淵용연에서 흘러나오는 물을 수원천으로 뿜어내고 있는 吐水口토수구도 『의궤』에 '石螭頭석리두'라고 되어 있는데 한글 번역본에서 역시 '이무기 머리돌'이라고 번역했지만 역시 큰 구렁이를 뜻하는 것이 아니라 일단 뿔이 없는 용인 螭龍이룡을 가리키는 것으로 볼 수 있겠는데 그림과 실물을 보면 뿔이 있는 용의 모습이 분명하기 때문에 '이무기 머리돌'이라고 하기 보다는 그냥 '용 머리돌'이라고 해도 될 것이다.

그런데, 『의궤』에서는 螭柱石이주석, 石螭頭석리두에서 보듯이 굳이 螭이 자를 사용하고 있음을 볼 수 있다. 龍용도 螭이로,

---

32) 인터넷 웹사이트 『조선시대 왕실문화 도해사전』 (서울대학교 규장각 한국학연구원)

해치獬豸도 螭이로 쓰고 있는 것이다. 이런 현상은 용연이 반달 모양인 것과 관련이 있어 보인다. 반달 모양으로 된 龍淵용연이 임금이 되지 못한 사도세자를 뜻하는 것으로 본다면 이주석이나 석리두 모두 용이 되지 못한 이무기를 뜻하는 螭이 자를 써서 반달이 재생되어 보름달처럼 둥근 하늘이 되기를 바라는 마음과 똑같이[33] 이무기와 같은 사도세자가 왕과 같은 용이 되기를 바라는 마음이 담겨 있는 것으로 볼 수 있는 것이다.

경복궁 광화문 앞에 해치상이 있는데, 원래는 광화문 70~80m 전방에 있었다. 해치상을 또 볼 수 있는 곳은 순종의 능인 裕陵유릉이다. 이 유릉의 해치상 제작을 위한 겨냥도가 분명한 『純宗孝皇帝山陵主監儀軌순종효황제산릉주감의궤』(1926년)에 수록된 해치 그림(허균『궁궐 장식』(돌베개, 2011), 15p)이 『의궤』에 있는 화홍문 앞의 해치 그림과 같은 동물을 표현하고 있다는 것을 누구나 금세 알 수 있다. 『순종효황제산릉주감의궤』의 해치 그림이 서 있는 측면의 모습을 그린 것이라면 『의궤』의 해치 그림은 앉아서 정면을 바라보는 모습이라고 할 수 있다.

> 獬豸해치 像상을 宮門궁문 앞에 세우는 뜻은 대소 관원들로 하여금 마음속의 먼지를 떨어내고 스스로 경계하는 마음으로 법과 정의를 따라 매사를 처리하게끔 하는 데 있다. 해치상은 단순한 벽사상이 아니라 법과 정의의 상징으로 존재하고 있는 것이다. (중략) 해치가 법과 관련이 있다는 점은 '法법'의 고자인 '灋법'에서 스스로 드러난다. 글자 속의 '廌치'가 곧 해치다. 말하자면 '灋법'

---

33) 박영목『정조의 복수, 그 화려한 8일』(시간의물레, 2010) p559

은 '廌치'와 '法법' 두 글자를 합쳐 만든 글자인 것이다. 그리고 'ㆍ'(水수)는 수면이 평평하듯이 법이 만민에게 평등하다는 뜻을 나타낸다.[34]

　7칸의 무지개문 아래로 물줄기가 계단을 통해 내려가고, 그 아래에는 넓은 돌을 깔아 평평하게 너른 공간이 있다. (중략) 화홍문이 아무리 멋진 건물이라도 이 바닥 돌이 없으면 그저 평범한 수문에 불과하다. 하지만 화홍문이 조선 제일의 건축물이자 아름다움의 극치인 건 바로 국왕이 친림하는 곳에만 설치하는 넓은 돌들이 깔려 있기 때문이다. 이 돌이 바로 넓은 돌이라는 의미의 박석이다. 박석은 조선 시대 국왕이 조회를 여는 경복궁 근정전, 창덕궁 인정전과 같은 정전 앞과, 국왕이 돌아가시고 난 뒤 국왕의 영혼이 머무는 왕릉의 정자각 앞에만 설치된다.[35]

　마치 왕궁 정문 앞인 것처럼 해치가 있고, 왕궁 혹은 왕릉으로 들어가는 곳인 것처럼 박석이 깔려 있다. 화홍문은 水門수문인데 이러한 상징석과 시설은 아무래도 뭔가 맞지 않는 것처럼 보이지만 대단히 상징적인 의미를 담고 있는 것이다.
　화성으로 물이 흘러들어가는 곳에 세운 수문인 화홍문 앞에 해치와 박석을 설치한 것은 이 화홍문이 화성의 실질적인 정문이라는 것을 표방하고 있다. 정조는 물을 임금에, 물고기를 신하

---

34) 허균 『궁궐 장식』 (돌베개, 2011) p19
35) 김준혁 『이산 정조, 꿈의 도시 화성을 세우다』 (여유당, 2008) pp261-262

에 비유했다. 이 물이 화성으로 흘러들어오는 것은 곧 임금이 화성으로 들어오는 것을 뜻하는 것이다. 해치가 의미하는 바, 법이 만민에게 평등하듯이, 정조 자신은 만민에게 평등하게 정사를 펼치겠다는 뜻을 이 해치를 통해서 보여주고 있는 것이다.

*『의궤』의 石螭頭석리두 그림,

*石螭頭석리두 실제 모습

*왼쪽은 『순종효황제산릉주감의궤』
(한국학중앙연구원 장서각 소장)에 수록된 해치상.
*가운데는 『의궤』의 이주석 그림.
*오른쪽은 화홍문 앞에 세워져 있는 해치상

*화홍문 앞의 박석

4) 궁궐과 왕릉의 정문

　이 화성의 실질적인 설계자 정조의 생각 속에서는 이 화홍문이 궁궐로 들어가는 정문이며 또한 왕릉으로 들어가는 연도의 시작 부분으로 여겨지고 있었던 것을 알 수 있다. 해치를 설치하는 곳은 장안문 앞이나 신풍루 앞이 되어야 할 것 같은데 화홍문 앞에 설치한 데에는 정조의 숨은 뜻이 있어 보인다. 다른 곳이 아니라 바로 화홍문 앞에 해치와 박석을 함께 설치한 것은 이 화성이 왕궁이며 또한 그와 동시에 왕릉이라는 뜻을 담으려 한 것이다. 화홍문 앞으로 흘러내려가는 유천을 따라가다 성의 중간쯤에서 서쪽으로 90도를 틀면 행궁으로 향하게 되어 있고, 계속해서 남수문을 지나 화성 밖으로 가게 되면 사도세자의 무덤인 현륭원에 이르게 되어 있다. 그러니까 이 화홍문은 왕궁[행궁]과 왕릉[현륭원] 두 곳으로 가는 공통된 출발점이자 대문이 되는 것이다. 사도세자가 莊祖장조로 추존되고 그 묘호가 隆陵융릉이 된 것은 高宗고종 때(1899년)이기 때문에 이 당시에 사도세자의 무덤은 陵능으로 불리지 못하고 園원으로 불리고 있었다. 정조는 화홍문 앞에 해치와 박석을 설치함으로써 이미 상징적으로 사도세자의 무덤을 왕릉으로 격상시켰음을 보여주고 있다.

　정조가 사도세자의 명복을 빌기 위해 세운 용주사는 융릉과 같은 위상을 가진 곳이다. 융릉과 용주사는 하나라고 할 수가 있는 것이다. 융릉이 왕릉이라면 용주사는 왕궁과 같이 꾸며져 있다. 용주사 정문에 이르기 전에 홍살문이 있고 삼문이 있고 그 앞에 해치상이 있다. 용주사가 왕궁과 같은 곳임을 표시하고 있다. 화성 행궁 앞에 홍살문이 있고 홍살문을 지나서 행궁의 정문인 신풍루가 있다. 신풍루 앞에는 용주사와 달리 해치상이 있지 않다. 해치상은 화홍문 앞에 있으므로 중복되게 세우지 않았던 것으로 볼 수 있다.

　용주사의 삼문을 지나면 경내에는 天保樓천보루가 있다. 이 천보루는 행궁의 정문인 신풍루와 형태가 같은데 2층에 누각이 있고 그 아래층에는 통로와 문이 있는 형태의 건물이다. 이런 형태의 건축물은 화성 행궁에 또 하나 있는데, 봉수당 남쪽에 있는 경룡관이다. 이 경룡관도 사도세자와 관련이 있는 건축물로 보인다. (Ⅲ.화성 행궁 읽기, 12.경룡관-지락문 항목에서 다룬다) 화성의 화홍문을 지나서 박석을 밟고 수원천을 거쳐서 융릉과 용주사와 이어지고 있음을 알 수 있다.

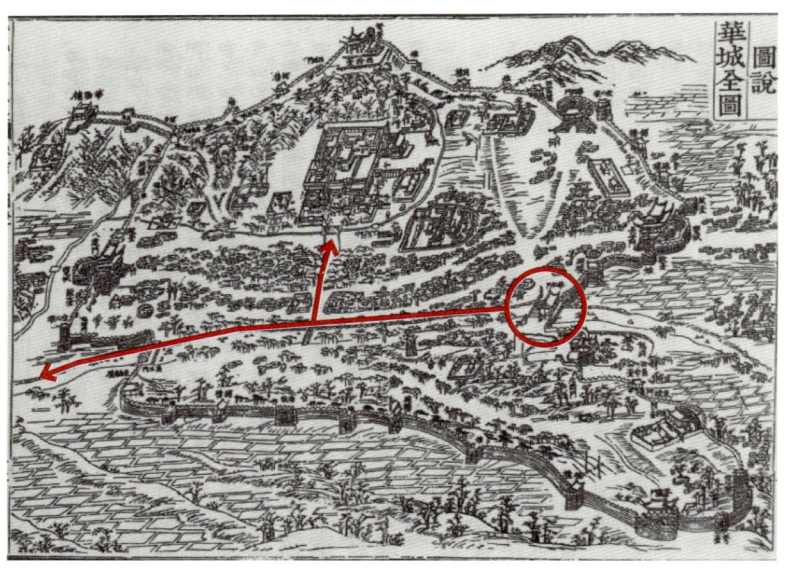

*오른쪽 원이 화홍문. 화홍문에서 직선 방향이 융릉.
화성 중앙에서 위쪽 방향이 행궁.

*행궁의 홍살문과 정문인 신풍루   *용주사 홍살문과 삼문

*莊祖장조로 추존된 사도세자의 묘소인 隆陵융릉

*용주사 삼문 앞의 해치상

5) 화홍문의 십자 문양

 화홍문 현판이 걸린 쪽 난간 아래 벽은 현재는 『의궤』의 그림과는 다르게 복원되어 있으나 원래 십자 문양으로 장식되어 있었다. 이 십자 문양 역시 미적인 감각과 동시에 실용적인 감각에서 만들어진 것으로 보아야 할 것이다. 화홍문 십자 문양의 실용적인 면은 방화수류정 십자 문양의 실용적인 면과 같이 성 안으로 적들이 침입할 경우 그 문양 부분을 깨뜨리고 총이나 활을 쏠 수 있도록 되어 있다는 것이다.
 십자 문양은 만남을 상징하는 것으로 볼 수 있는데, 여기 화홍문에서는 왕으로서의 백성과 왕으로서의 왕의 만남을 상징하는 것이다. 백성과 왕이 대등한 자리에서 만나지 않으면 사실상 모든 개혁은 구태를 면할 수 없고, 진정한 개혁은 이루어질 수 없다. 백성과 왕이 동일한 자리에 있을 때에 왕의 언행은 백성을 제어하기 위한 통치술이 아니라 사람과 사람 사이의 진정한 대화가 될 수 있는 것이다. 정조는 왕으로서의 권위를 세우고자 진력했고 그것을 어느 정도 이루었다고 평가된다. 하지만 진정한 개혁에 이르기 위해서는 왕과 백성이 동일한 자리에 있어야 한다는 사실을 뼈저리게 느꼈으므로 이 새로운 도시 화성에서는 백성과 왕이 동등한 자리에서 출발하고 함께 하는 세상으로 나아감으로써 진정한 개혁에 이르고자 하는 것으로 볼 수 있다.
 모두가 왕이라면 모두가 백성도 되는 것이다. 모두가 백성이고 모두가 왕인 그런 세상은 물처럼 흘러가는 세상이고 무지개처럼 다채로운 세상인데, 화홍문 아래로 흐르는 물과 화홍문의 무지개가 그것을 보여주고 있다.

이것은 행궁의 낙남헌에서 왕이 앉는 자리가 南面남면이 아니라 北面북면하는 자리라고 하는 데서도 볼 수 있다. (낙남헌에 대한 자세한 내용은 III. 화성 행궁 읽기, 5. 중앙문-좌익문-봉수당 참조) 낙남헌에서 남면하는 이는 백성이다. 당시 남면하는 이는 왕이었으니 백성이 곧 왕인 것이다. 왕도 왕이고 백성도 왕인 세상. 모두가 왕인 세상을 이 화성에서 이루려고 했던 것이다. 행궁의 정당인 봉수당에서는 왕은 동면하고, 백성은 서면하게 되어 있어서 왕도 백성도 남면하지 않는다. 왕과 백성이 진정으로 同格동격과 同位동위에서 만나고 있는 것이라고 할 수 있다.

*위쪽『의궤』그림의 화홍문 남쪽 난간 아래 벽에는 십자 문양이 그려져 있는데 아래 실제 복원된 화홍문에는 십자 문양이 보이지 않는다.

6. 四大門사대문 - 西將臺서장대 - 烽墩봉돈

1) 사대문

　화성의 동서남북의 문에 해당하는 사대문은 동서남북 차례로 보면 창룡문-화서문-팔달문-장안문이다. 그런데 화성의 동서남북을 보면 서쪽에는 서장대가 있고, 그 맞은편 동쪽에는 봉돈, 북쪽에는 장안문, 남쪽에는 팔달문이 위치하고 있고 이 넷의 한 쌍씩을 동서와 남북을 잇는 가로와 세로선이 화성의 중심부인 화성 행궁 앞의 십자가로를 형성하게 되어 있다. 화성의 중심인 십자가로에서 사방, 즉 동서남북은 각각 봉돈, 서장대, 팔달문, 장안문으로 되어 있다. 중심에서 보았을 때 남북에는 장안문과 팔달문이 있는데, 동서에는 서장대와 봉돈이 있는 것이다. 그리고 사실상 서장대와 봉돈이 있는 자리에 서문과 동문이 있어야 하는데 동문은 북동쪽에 위치한 창룡문이고 서문은 서북쪽에 위치해 있는 화서문이다. 화성의 정문인 장안문에서 남쪽의 팔달문으로 나아가는데 좌우에 창룡문과 화서문, 서장대와 봉돈이 있는 형국을 이루고 있다.

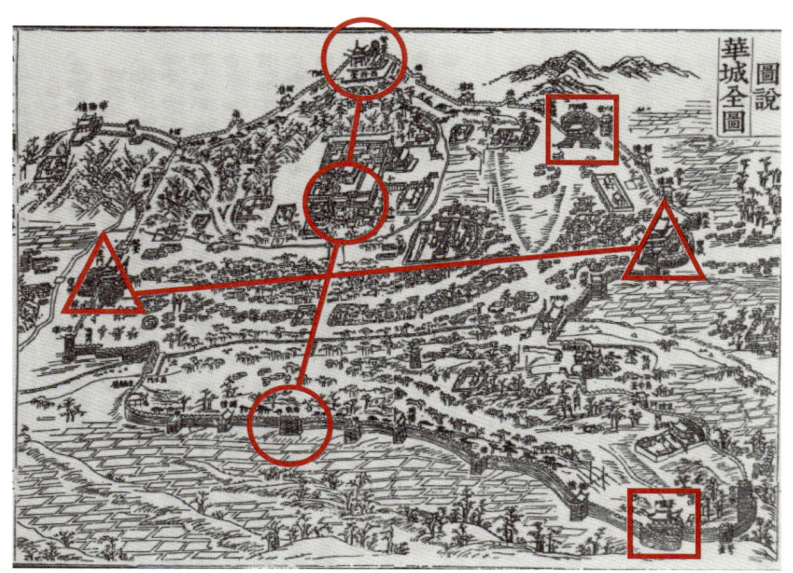

*세모 : 오른쪽이 장안문 왼쪽이 팔달문.
*동그라미 : 위쪽에서부터 서장대-행궁-봉돈.
*네모 : 위쪽이 화서문 아래쪽이 창룡문

 화성의 정문은 장안문이다. 정조가 화성에 입성할 때에는 장안문으로 들어왔다. 정문인 장안문 좌우에 각각 푸른 깃발이 꽂힌 창룡문의 靑龍청룡과 흰 깃발이 꽂힌 화서문의 白虎백호가 侍衛시위하고 있는 모습이다. 장안문은 2층 누각으로 되어 있고 창룡문과 화서문은 단층 누각으로 되어 있어서 창룡문과 화서문이 장안문을 보좌하고 있음을 보여주고 있다. 左靑龍右白虎좌청룡우백호의 모양을 하고 있다. 청룡은 높이 솟아오르는 용을, 백호는 지상에서 군림하는 존재로서의 범을 상징하므로 각각 하늘과 땅에서 적들을 제압하는 모습을 보여준다.
 창룡문은 左靑龍좌청룡의 용을 뜻하는 이름을 가지고 있지만,

91

화서문에서는 右白虎우백호의 범이 곧바로 연상되지는 않는데 청룡의 높이 드러냄, 화서의 감춤과 관계가 있어 보인다. 창룡문의 남성성에 대비되는 여성성을 가지고 있는 것으로 보인다. 그 범은 암범임을 알 수 있다. 이런 면에서 蒼龍창룡의 용[龍]이 남성적이라면 華西화서의 꽃[華]은 여성적이라고 할 수 있다. 蒼龍창룡이 창공으로 높이 치솟아 오르는 이미지라면 華西화서는 해지는 서쪽에 황혼을 받으면서 피는 꽃을 연상하게 한다. 화서문은 서쪽을 뜻하므로 흰 깃발이 꽂혀 있는데 華西화서와 白旗백기에서 흰 꽃[白華백화]으로 읽을 수 있다. 서쪽으로 지는 석양의 아름다운 빛깔들이 흰 꽃에 비치면서 그 노을빛을 온전히 받아서 재현하고 흰 꽃은 그 노을빛으로 말미암아 천변만화하게 되니 오묘한 조화를 드러낸다.

*창룡문　　　　　　　　*화서문

그래서 창룡문은 용-하늘-남성, 화서문은 범-땅-여성으로 대비되면서 장안문의 좌우에서 조화를 이루고 있다. 창룡의 남성적인 힘과 용맹으로, 그리고 화서의 여성적인 아름다움과 너그럽게 容忍용인함으로 군주를 조화롭게 보좌하는 모양새다. 그래서 이 화성이 적의 공격을 막아내고 무찌르는 남성적인 힘[蒼龍창룡] 뿐만 아니라 화려하고 아름다우면서도 자기 새끼는 끝까지 보호하는 암범이 가진 모성이 포함된 여성적인 유연함[華西화서]으로 적과 싸우지 않고도 능히 이길 수 있고 길이 평안함[長安장안]을 누리고 모든 곳으로 통하는[八達팔달] 열린 곳으로서 가장 이상적인 도성임을 표현하고 있는 것이다.

八達門팔달문은 장안문과 데칼코마니처럼 짝을 이루고 있다. 장안이 입구이고 시작이고 팔달은 출구이고 끝이다. 끝이지만 완전한 끝이 아니고 새로운 시작을 이루는 끝이다. 좌청룡우백호가 뜻하는 바와 같이 하늘과 땅, 남성성과 여성성이 조화를 이루고, 장안문과 팔달문에 설치된 五星池오성지가 상징하는 오행이 끊임없이 운행하면서 화성의 장안을 완전하게 하고 그 완전하게 된 화성의 장안은 팔달문을 통해서 팔도로, 더 나아가서는 온 세상으로 퍼져나가는 것을 상징하고 있다.

이 화성이 長安장안, 즉 화성 내에서 길이 평안함을 누리는 것만으로 끝나는 것이 아니라 八達팔달하는 것을 궁극적인 목적으로 삼았음을 알게 해준다. 八達팔달은 長安장안을 통해서 이루어지는 것이다. 長安장안한 후에라야 진정한 八達팔달이 이루어지게 된다. 그냥 安안이 아닌 長安장안이라야 한다. 지속적인[長] 평화[安]가 이루어지는 가운데 온 세상[八]으로의 지속적인 다다름[達]이 이루어질 수 있다.

2) 서장대와 봉돈

 장안문 좌우에 창룡문과 화서문이 있고, 화서문에서 성벽을 따라 남쪽으로 내려오면 서쪽에 서장대, 창룡문에서 성벽을 따라 남쪽으로 내려오면 서장대 맞은편 동쪽에 봉돈이 위치하고 있다. 서장대와 봉돈은 서문과 동문이 있어야 할 자리에 있어서 화성에서 중요한 의미를 지니고 있다. 서장대와 봉돈은 서로 마주하고 있는데, 봉돈은 상황을 고지하는 역할을 하는 곳이었고 서장대는 군사를 지휘하는 곳이었다. 현재의 상황을 파악하고 그것을 드러내고 그 현재의 상황을 높은 곳에서 곧바로 보고 파악해서 적절하게 지휘함으로 해서 위기를 극복하고 상황에 맞게 대처할 수 있게 되는 것이다. 이렇게 함으로 해서 화성의 長安장안이 이루어지게 되고, 이렇게 이룩된 長安장안은 완전해지고 팔달문을 통해서 온누리에 퍼져나가게 되는 것이다.

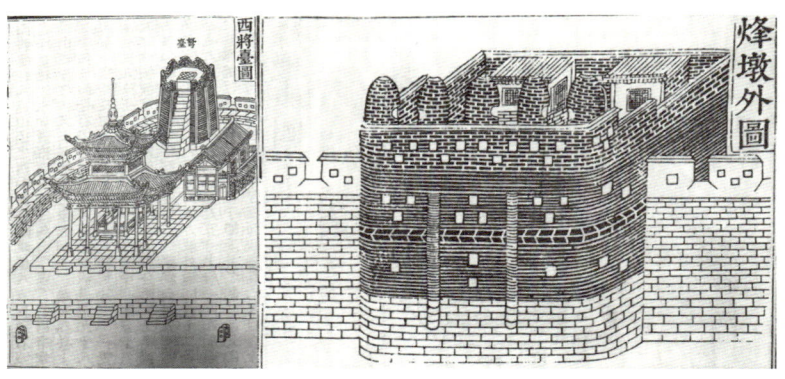

*『의궤』서장대도　　　　　　*『의궤』봉돈 외도

3) 長安門장안문 - 八達門팔달문

　長安장안은 길이[長] 평안함[安]을 뜻한다. 八達팔달은 길이 팔방으로 통하여 있음을 뜻하거나 모든 일에 모르는 것이 없이 정통함을 뜻한다. 장안문과 팔달문을 전면에서 보면 옹성의 문 위에 다섯 개의 구멍을 볼 수 있는데, 적들이 성문을 불지를 경우에 이 다섯 개의 구멍으로 물을 흘려보내서 불을 끌 수 있도록 만들어놓은 것이다. 이것의 이름을 五星池오성지라고 한다. 이 다섯 개의 구멍은 동쪽에 있는 봉돈의 다섯 개의 봉화구의 수와 같다. 서쪽 산꼭대기의 서장대에는 정조 자신을 뜻하는 달이 있고, 동쪽의 봉돈과 북쪽의 장안문, 남쪽의 팔달문에 각각 五行오행이라고도 하는 다섯 개의 별들을 뜻하는 표시가 있다. 이 오행은 신하들이라고 할 수 있으니 서장대의 군주를 보좌하는 신하들이 그 앞에 도열해 있음을 상징적으로 보여주고 있는 것이다. 八達팔달의 八을 八德팔덕으로 보면 禮예, 義의, 廉염, 恥치의 四維사유에 孝효, 弟제, 忠충, 信신 네 가지를 더한 것으로 볼 수도 있겠고, 재상이 가져야 할 여덟 가지 덕목을 가리키는 宰相八德재상팔덕인 忠충, 直직, 明명, 辯변, 恕서, 容용, 寬관, 厚후를 뜻하는 것으로 볼 수도 있겠다.

*장안문　　　　　　　　*팔달문

7. 烽墩봉돈

　화성의 성곽 밖에서 烽墩봉돈을 바라보면서 그 앞에 서 있으면 크기에 압도당한다. 생각보다 훨씬 크고, 이 봉돈이 독립적인 건축물로 되어 있어서 성의 매우 중요한 부분임을 직감할 수 있다. 혹자는 정조가 '화려하게 설치한 봉돈을 통해서' '정조의 국가 운영에 나타나는 한계'를 볼 수 있다고 한다. 봉수의 전달을 통해서는 중앙과 지방이 정확한 정보를 전달할 수 없음이 밝혀졌는데도 정조는 '시설을 정비하고 관리자의 기강을 엄정히 하면 무엇보다도 빨리 변방의 정보를 전달할 수 있다는 이상을 폐기할 수 없'어서 봉돈을 포기하지 못하고 설치했다는 것이다.[36] 이 화성의 봉돈은 봉화를 피워서 상황을 전달한다는 기능적인 측면도 물론 가지고 있지만 그에 더해서, 그보다 더 큰 상징적인 의미를 가지고 있는 것으로 보인다. 한 건축학자는 봉돈을 두고 '환경조각을 연상케' 한다고 말하는데[37] 봉돈에서 모종의 상징적인 의미를 직감한 것으로 볼 수 있다. 화성의 봉돈은 전근대적이고 비효율적인 한계에서 나온 것이라기보다는 매우 근대적(modern)이고 세련된 미의식의 소산으로 보이는 것이다. 신

---

36) 오수창 「18세기 조선 정치사상과 그 전후 맥락」 『정조와 18세기』 (푸른역사, 2013) p44
37) 김봉렬 『한국건축 이야기 1』 (돌베개, 2006) p364

영훈은 "『화성성역의궤』의 화성 전체형국을 그린 「화성전도」를 보면 서장대, 행궁과 이 돈대가 거의 동서 일직선상에 있는 듯이 표현되어 있답니다. 그만큼 봉돈이 중요한 존재였음을 의미하는 것이죠." 라고 말했다.[38] 『의궤』의 설명에는 행궁을 案照안조한다, 즉 비춘다는 말이 나오고 있어서 봉돈의 불은 비단 상황을 알리는 역할뿐만 아니라 행궁을 비추어주는 상징적인 의미를 가지고 있다는 것을 말해주고 있다. 팔달문에서 창룡문에 이르는 성곽에 있는 건축물들 가운데 이 봉돈이 가장 크고 위엄이 있다. 화성의 동남방 성곽의 소위 一字文星일자문성 가운데에서 무게중심을 잡아 주고 있다. 봉돈이 작게 만들어졌으면 이 동남방 성곽은 밋밋해질 뻔했다는 생각이 든다. 동쪽 성곽에서는 봉돈에 강조점이 주어지고 있는 모양새다. 이렇게 규모 있게 만들어짐으로써 화성 맞은편 산꼭대기에 있는 서장대와 呼應호응하고 마주 서는 구조를 만들고 성 전체의 균형을 유지하게 하고 있는 것이다.

봉돈은 봉화대가 5개로 되어 있고, 서장대 뒤에 있는 서노대는 8각형으로 되어 있다. 『의궤』에 수록된 '華城全圖화성전도'를 보면 서노대와 봉돈이 직선으로 연결될 수 있고, 이 직선은 화성 행궁을 양분하면서 한가운데를 지나 정문인 新豊樓신풍루을 관통하게 되어 있다. 봉돈과 서노대의 중간에 홍살문이 있음을 볼 수 있다. 홍살문 위쪽 가운데는 太極태극 무늬로 장식되어 있다. 여기 홍살문의 태극에서 五行오행과 八卦팔괘가 생성되어 나오는 형국이다. 이런 상징적인 건축물들과 그 상징적인 함의를 통해서 화성이 영원히 생성하고 변화하는 가운데 세워지고 있는 이상향임을 보여주고 있는 것이다.

---

38) 신영훈 『수원의 화성』 (조선일보사, 1999(재판)) p93

*성곽 밖에서 본 봉돈

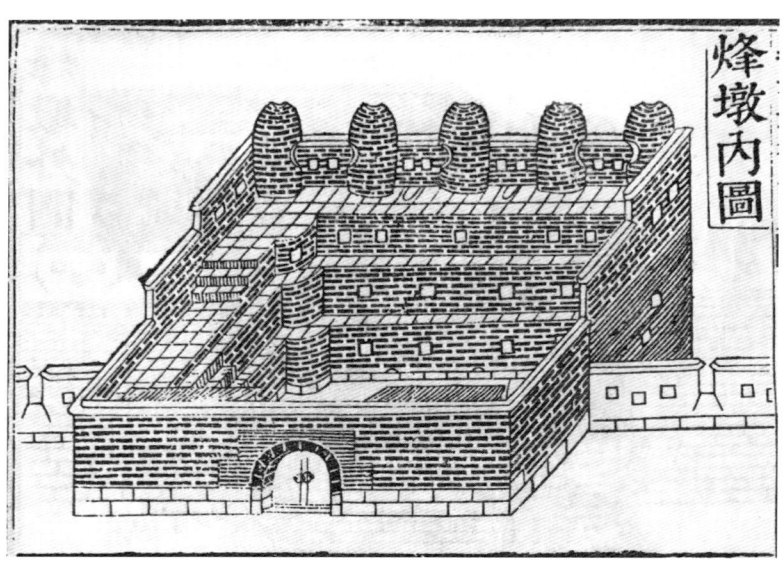
*『의궤』봉돈 내도

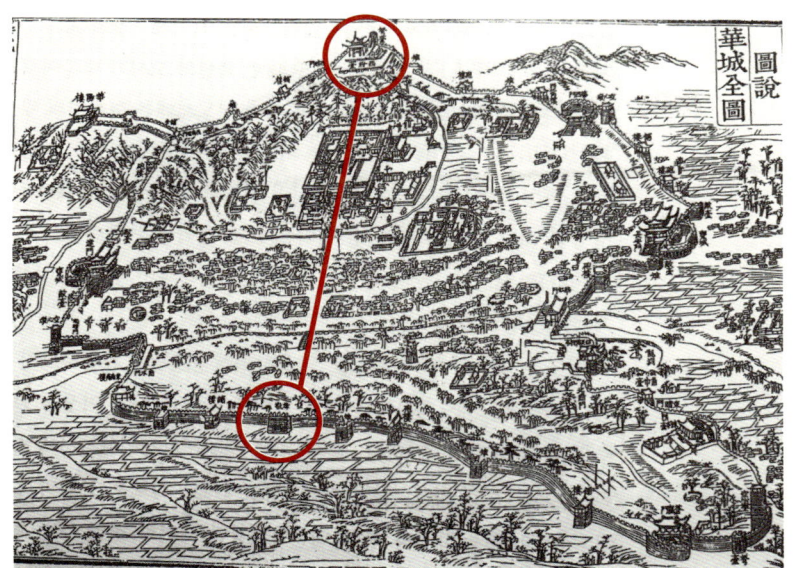
*위쪽의 서장대와 아래쪽의 봉돈을 잇는 선이 행궁과 홍살문을 관통하고 있다.

8. 五星池오성지들과 烽墩봉돈

　오성지란 적군이 성문에 불을 지를 경우를 대비해서 문 위쪽 정면에 다섯 개의 네모지거나 둥근 구멍을 뚫어놓은 것이다. 다산 정약용이 呂坤여곤의 『實政錄실정록』을 참고해서 만든 것으로 물을 담아 놓았다가 흘려보낼 수 있게 되어 있는 漏槽누조이다. 하지만 실제로 이 오성지가 소화전의 기능을 제대로 수행했는지는 분명치 않다. 오히려 남·북 옹성을 비롯한 문 정면의 이마에 만들어져 눈에 가장 먼저 들어오는 곳에 있어서 두드러진다는 점과 '五星오성'이라는 이름이 가지고 있는 상징성에 더 주목해서 보아야 할 것으로 판단된다.

　『의궤』의 동암문의 경우 오성지가 설치된 것으로 기록되어 있지만 이를 그림으로 표현한 東暗門圖동암문도에는 오성지가 네 개의 구멍만 있는 것으로 나온다. 北暗門圖북암문도에는 다섯 개의 구멍이 있는 것으로 나온다. 네 개의 구멍만 있으면 오성지라고 할 수 없을 것이다. 글에서는 오성지를 설치한 것으로 말하고 바로 옆에 있는 그림에서는 네 개의 구멍만을 그려놓은 데에는 이 글과 그림의 괴리에 어떤 암시가 있음을 알게 해준다.

　동암문과 북암문은 東北鋪樓동북포루를 사이에 두고 있어서 東동과 北북이 동북포루에서 합쳐지고 있는 모양새다. 앞에서 상세히 살펴본 바와 같이 동북포루는 角巾臺각건대라는 별칭으로 불리면서 隱居은거와 자기의 공을 스스로 드러내지 않음이라는 의미를 가지고 있는데 동암문과 북암문의 오성지가 이 각건대의 의미를 가지고 있는 것으로 보인다. 동암문에는 기록상으로 오성지가 있지만 실제 모습에 있어서는 오성지에서 하나가 부족한 상태로 있는 것은 자기를 낮추고 드러내지 않는 모습이고, 북암문에는 나타나고 있는 것은 그 공을 자기 스스로는 드러내지 않지만 그 공은 사라지지 않고 부족하지 않은 여전한 은자의 모습을 보여준다고 해석되는 것이다. 동북포루는 동암문과 북암문과 어우러지면서 그 은거와 그 공을 스스로 드러내지 않으면서도 의연한 모습을 보여주고 있는 것이다. 이렇게 해서 동암문의 오성지와 북암문의 오성지를 합쳐서 하나의 오성지로 보게 하고 있다.

그런데, 파리 국립도서관(BNF)에 어람용으로 제작된 채색본 『整理儀軌정리의궤』제 39권 城役圖성역도(도서번호 Coréen 40)이 2016년에 우리에게 알려지게 되었다.[39] 이 채색본『정리의궤』에 실린 동암문도에는 오성지의 구멍이 네 개가 아닌 다섯 개로 되어 있다. 이 채색본『정리의궤』의 발간을『화성성역의궤』가 발간된 1801년보다 앞서는 것으로 보고 있다(앞의 책, 126-127쪽 참조).『화성성역의궤』가 늦게 발간되었으면 앞서 나온『정리의궤』를 참고로 하였을 것인데『정리의궤』를 따르지 않는 것은『화성성역의궤』가 나름대로 전하고자 하는 뜻이 있다는 추론이 가능하다. 따라서『화성성역의궤』와 같이 북암문에는 네

---

39) 정정남「파리 동양어학교(BULAC) 소장『정리의궤(整理儀軌)』의 건축사료적 가치」
『한국건축역사학회 추계학술발표대회 논문집』(한국건축역사학회, 2016.11) pp123-128 참고

개의 구멍을 가진 오성지가 있었을 것으로 여겨진다.

*왼쪽 그림:『의궤』의 동암문도. 문 바로 위의 구멍이 다섯 개가 아니라 네 개인 것을 볼 수 있다. 가운데 사진: 현재 복원된 동암문은 다섯 개로 복원되어 있다. 오른쪽 그림:『整理儀軌정리의궤』제 39권 城役圖성역도(프랑스 파리 국립도서관(BNF) 소장)에 실린 동암문도

*『의궤』의 북암문도와 복원된 북암문

 화성에서 구멍이 다섯인 오성지가 설치된 곳은 장안문, 팔달문, 서남암문, 북암문으로 4개처인 것이다. 동암문과 북암문은 두 개의 오성지가 아니라 하나의 오성지로 보아야 할 것이다.
 이렇게 네 군데에 오성지가 있고 봉돈에 다섯 개의 봉화대가 있다. 봉돈의 다섯 봉화대는 서장대와 마주하고 있고, 동암문과 북

암문의 오성지를 하나로 보면 서장대와 봉돈을 잇는 직선 좌우로 오성지가 각각 둘씩 포진하고 있는 형국이다. 봉돈의 봉화대는 다섯 개인데 이 다섯이라는 수는 오성지의 다섯과 호응하고 있다. 화성에 오성지가 네 군데에 설치되어 있어 이 봉돈이 오성의 하나로 편입될 수도 있는 여지를 동암문과 북암문이 마련해주고 있다. 거대한 봉돈의 다섯 봉화대는 그 자체로 오성이기도 하고, 또한 그와 동시에 화성 전체의 오성의 하나이기도 한 것이다. 봉돈은 불과 관련된 것이고, 오성지는 물과 관련된 것이어서, 물과 불이 조화를 이루면서 불을 가지고 화성을 案照안조하기도 하고 물을 가지고 불의 위험으로부터 화성을 보호하기도 하는 것이다.

 달은 서쪽에서 뜨는 것으로 알려져 있는데, 서쪽 산꼭대기의 서장대에는 정조 자신이 되고자 했던, '萬川明月主人翁만천명월주인옹'인 정조 자신을 뜻하는 달[明月]이 있다. 정조가 화성에 와서 서장대에서 군사훈련을 지휘했다. 서장대 맞은편 봉돈의 오행, 장안문, 팔달문, 서남암문, 동암문(북암문)의 오행이 군주를 보좌하는 신하들처럼 도열해 있음을 상징적으로 보여주고 있는 것이다. 봉돈의 다섯 봉화구는 불을 지펴 올리는 것이고, 장안문과 팔달문의 다섯 구멍은 불을 끄는 것으로 정반대되는 기능을 가지고 있다. 정조는 탕평 정치를 펼치면서 隨時變易수시변역의 원리를 제시하는데, 때[時]에 따라서[隨] 바꿀 수 있는[變易] 의리를 가져야 한다고 말한다. 군주가 제시하는 원리가 일정한 원칙에 근거하고 있으면서 시대에 따라서 그 의리가 바뀌고 신하는 그 군주에 따라서 의리를 바꿀 수 있어야 한다는 것이다. 이것은 변덕스러운 군주라도 무조건 따라야 한다는 것이 아니라, 일정한 원칙을 가지고 합리적인 바탕에서 함께 공감할 수 있는 의리를 제시하는 것은 시대의 변화에 대응하는 것임을 뜻하는 것이다. 신하는 때로는 불을 지펴 올리기도 하고 때로는 정반대로 불을 끄기도 하는 일을 해야 하는 것이다. 군주는 높이 뜬 달로 천하를 비추면서 그 길을 제시하고 신하들이 그 길을 따르고 온 백성이 협력함으로 이상적인 나라를 세우고자 하는 뜻이 이 화성의 구조에도 담겨 있는 것이다.

*봉돈

*서남암문과 그 위의 오성지, 암문 위의 누각이 서남포사

*팔달문과 장안문의 오성지

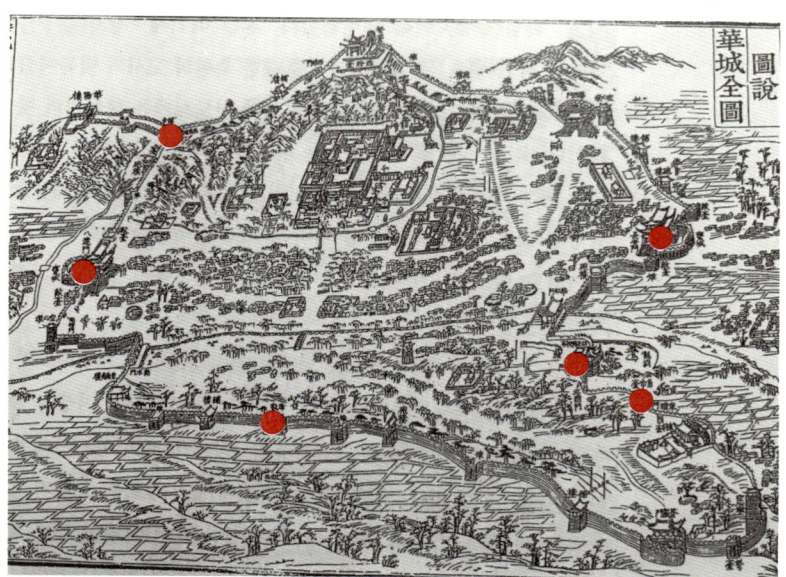

*오성지가 설치된 곳과 봉돈. 붉은 점 왼쪽 가운데로부터 시계방향으로
팔달문-서남암문-장안문-북암문-동암문-봉돈

9. 西將臺서장대 - 東將臺동장대

1) 화성장대와 연무대

　西將臺서장대는 華城將臺화성장대라는 현판을 달고 있고, 東將臺동장대는 鍊武臺연무대라는 현판을 달고 있다. '연무대'라는 현판이 달린 것은 1800년대 후반으로 알려져 있다.[40] 둘 모두 將臺장대임에는 틀림이 없으나 서장대가 명실상부한 화성을 대표하는 將臺라는 것을 그 서 있는 위치가 보여주고 있다. 화성에서 대장이 올라서서 명령하고 지휘하는 곳이 서장대이고, 그곳이 곧 화성의 장대라는 것이다. 동장대는 지휘소라기보다는 武武를 鍊磨연마하는 곳이므로 화성이 완공된 이후에 鍊武臺연무대라고 하는 이름이 붙은 것으로 볼 수 있다.
　서장대는 화성의 가장 높은 곳에 위치하고 누각은 하늘로 치솟는 모양을 하고 있고, 동장대는 화성의 낮은 곳에 위치하고 누각은 땅으로 평평하게 퍼진 모양을 하고 있다. 동장대 앞에는 넓은 마당이 있어서 무술 훈련이나 시범을 할 수 있게 되어 있고, 누각에는 지휘관이 앉아서 볼 수 있도록 마루가 마련되어 있다. 정조는 이곳에 앉아서 군사들의 훈련 모습을 지켜보았다. 서장대에

---

40) 김준혁『화성, 정조와 다산의 꿈이 어우러진 대동의 도시』(더봄, 2017) p357

서는 실전과 같은 훈련을 지휘했다.

　계단 모양도 사뭇 다른데 서장대로 오르는 계단에는 별다른 장식이 없어서 그저 올라가는 기능만 있는 것으로 보인다. 반면에 동장대의 계단에는 정조가 말에서 내리기 위해서 디뎠다는 노둣돌이 있고, 북 모양의 장식이 있다. 말하자면, 서장대는 실전을 대비한 것으로 보이고, 동장대는 평시의 연습을 위한 것으로 보인다.

　동장대와 서장대는 동과 서, 높음과 낮음, 솟음과 펴짐의 두 극에서 서로를 보완해주면서 中중을 얻고 있다[得中득중].

*서장대(화성장대)와 동장대(연무대).

2) 西弩臺서노대와 玲瓏墻영롱장

　서장대의 뒤에는 서노대가 있고, 그 노대는 팔각이고, 팔각의 노대 위에는 땅을 상징하는 네모진 方臺방대가 있어서 하늘을 향해 치솟는 서장대의 기운이 도를 넘지 않고 中을 얻도록[得中득중] 해주고 있다. 땅으로 펴진 모양을 한 동장대 뒤에는 하늘을 상징하는 원형의 아름다운 玲瓏墻영롱장이 있어서 동장대의 단순 질박함이 화려한 아름다움과 조화를 이루어 역시 中을 얻도록[得中득중] 해주고 있다. 행궁의 건물 가운데 하나인 得中亭득중정의 의미를 동장대와 서장대의 조화에서도 볼 수 있는 것이다. 서장대와 동장대를 잇는 선을 그으면 행궁의 득중정 앞을 지나게 되어 있음도 우연이 아닐 것만 같다.

팔각형은 八卦팔괘를 뜻하는 것으로 볼 수 있다. 팔괘란『周易주역』에서 자연계 및 인간계의 모든 현상을 陰陽음양을 겹치어서 여덟 가지의 상으로 나타낸 것이다. 서노대의 계단을 올라가면 대 위에는 네모난 벽돌을 깔고, 한 가운데에 또 다시 方臺방대를 쌓았다. 天圓地方천원지방, 즉 하늘은 둥글고 땅은 네모나다는 말에 따르면 땅을 표시하고 있다. 땅을 뜻하는 네모난 방대 주위에 팔괘를 뜻하는 팔각형의 女墻여장(=성가퀴)을 쌓았다. 이 팔각형의 노대를 통해서 온 세상이 집약되어 있는 땅이 이 화성임을 보여주고 있다. 이 팔괘와 같은 세상인 화성을 다스리는 군주는 달과 같이 화성 전체를 비추고 다섯 별들을 뜻하는 五行의 표시를 가진 오성지가 있는 봉돈, 장안문, 팔달문, 동암문(북암문), 서남암문에서 이 군주를 보좌하면서 화성 전체를 이상적인 도성으로 이끌어가고 있음을 보여주고 있다.

*오른쪽이 서장대, 왼쪽이 서노대

서장대 뒤에 서노대가 있다면 동장대 뒤에는 玲瓏墻영롱장이 있다. 서노대는 팔각으로 지어져 있고 그 위에는 네모난 方臺방대가 있고, 영롱장은 원의 연속된 무늬로 되어 있다. 영롱장 전체도 둥근 원의 일부인 弧호 모양을 하고 있다. 天圓地方천원지방, 즉 하늘은 둥글고 땅은 네모나다는 말에 따르자면, 동장대 뒤의 영롱장은 하늘을, 서장대 뒤의 서노대는 땅을 상징하는 것으로 볼 수 있다. 서노대가 화성의 가장 높은 곳에 있는데 그곳이 땅이고, 가장 낮은 곳에 있는 영롱장이 하늘이라는 것이다. 높은 것이 더욱 높아지고 낮은 것은 더욱 낮아지는 것이 아니라 높은 것과 낮은 것이 서로를 보충해 줌으로써 균형을 이루게 하는 것이다. 그래서 가장 높은 곳에 있는 서노대는 단순한 모양으로, 가장 낮은 곳에 있는 영롱장은 가장 화려한 문양으로 장식함으로써 하늘과 땅이 조화를 이루고 상보적으로 각각이 서면서 전체를 세우는 길을 제시하고 있는 것이다.

*서노대와 서노대 위의 방전

*동장대 뒤의 영롱장

*『의궤』의 영롱장 문양 그림

3) 서장대와 서노대

서장대 뒤쪽에 서노대가 있는데, 서노대의 전체 형태는 팔각형을 하고 있다. 이 팔각형 모양은 八卦팔괘를 뜻하는 것으로서 온 우주의 모든 현상과 모든 존재가 집약되어 있음을 상징적으로 보여주는 것이다. 팔각의 서노대 위에는 사각형의 방대가 있다. 사각형은 땅을 상징하고 있다. 그런데 서장대의 12개의 바깥쪽 기둥[柱石주석]을 보면 돌로 된 기둥 받침이 팔각형으로 되어 있고 그 위에 나무는 원형으로 되어 있다. 이 경우, 땅을 상징하는 사각형과 대비되어서 원은 하늘을 상징하고 있다고 할 수 있다. 서장대 전체는 사각형의 바탕 위에 세워져 있어서 땅, 즉 화성을 뜻하는 것으로 볼 수 있다. 사각형의 바탕 위에 팔각의 기둥 받침, 그 위에 다시 원형의 기둥이 있는 모양새다. 이것은 화성을 땅 위에 우주와 세계의 모든 존재와 현상이 있는 소우주로 인식하였음을 보여주는 것이다. 서장대에는 팔각의 기둥 위에 원형이 있고, 서장대 뒤쪽에 있는 서노대는 팔각의 몸체 위에 사각형이 있다. 서장대는 하늘을, 서노대는 땅을 받쳐 들고 있음을 뜻하는 것으로 볼 수 있다.

*서장대 바깥쪽 기둥과 안쪽 기둥

서장대 안쪽의 기둥을 보면 사각형의 받침돌 위에 원형의 기둥이 세워져 있다. 땅 위에 하늘이 있는 모습이다. 그리고 서장대는 2층으로 올라가는 계단이 있고 위로 계속해서 올라가는 형상이다. 이 계속해서 올라가는 기운을 제어하고 중화시키고 있는 것이 사각형들이다. 사각형의 지대, 사각형의 마루, 기둥 넷을 연결 시켜 귀퉁이에 사각형 넷을 만들어지게 한 것이 사각형을 통해서 위로 치솟는 기운이 위태롭지 않고 안정되게 하고 있는 것이다.

서장대와 서노대는 하나의 우주로서의 화성 전체를 집약적으로 담고 있는 것으로 볼 수 있다. 이 하나의 우주로서의 화성이 세계를 상징하고, 이 세계가 어떻게 하면 이상적으로 세워질 수 있는지를 건축물의 세부를 통해서 여실히 보여주고 있는 것이다.

4) 서장대와 방화수류정의 절병통

서장대는 화성에서 지리적으로 제일 높은 곳에 가장 장엄하게 세워져 있고, 방화수류정은 화성에서 상징적으로 제일 높은 곳인 용머리에 가장 아름답게 세워져 있다. 방화수류정은 정조가 이곳이 용머리인 것을 알고 직접 누각을 지을 것을 지시해서 세워졌다. 서장대 지붕 꼭대기에도 節甁桶절병통이 있고 방화수류정 지붕 꼭대기에도 역시 절병통이 있다. 절병통이란 지붕마루가 모이는 곳에 세우는 장식물로 속에는 짧은 기둥을 세워 사방으로 분산되는 재목들을 붙잡아주는 역할을 하는 것이다.[41] 방화수류정의 절병통에 대한 김동욱의 설명은 이러하다.

---

41) 김동욱 『실학정신으로 세운 조선의 신도시, 수원 화성』 (돌베개, 2002) p116

지붕 제일 꼭대기에는 이런 복잡한 부분들을 한마디 호령으로 통합하듯 술병을 거꾸로 올려놓은 듯한 절병통이 하늘 높이 세워져 있다. 모임지붕에서는 서까래들을 붙잡아 주는 수직의 짧은 기둥을 꼭대기에 세우게 되는데 절병통은 이 기둥을 감싸서 밖에서 보이지 않게 하였다. 절병통은 보통 2개 마디를 갖는 병 모양을 하지만 방화수류정에서는 마디가 셋으로 되어 있어 더욱 돋보인다.[42]

화성에서 절병통이 있는 건축물은 서장대와 방화수류정, 둘 뿐이다. 방화수류정은 그 앞에 있는 용연과 더불어 사도세자를 뜻하는 건축물로 볼 수 있고, 서장대는 정조 자신을 뜻하는 건축물로 볼 수 있다. 사도세자와 정조 둘이서 이 화성을 다스리고 있음을 보여주는 것이다. 서장대는 가장 위엄 있는 모습으로 군림하는 모습이고, 방화수류정은 가장 화려한 모습이다. 이 두 건축물이 절병통이라는 공통점으로 해서 연결되고 있다. 이는 또한 화성이 서장대와 같이 위엄 있는 도성이자 방화수류정과 같이 화려한 도성임을 여실히 보여주고 있다. 이는 정조 자신이 언급한 바, '웅장하고 화려하지 않으면 위엄을 보일 수 없다' (非壯麗, 無以重威)는 말에서 웅장함[壯]은 서장대에서, 화려함[麗]은 방화수류정에서 그대로 실현되어 있음을 보여주고 있다.

---

42) 김동욱『실학정신으로 세운 조선의 신도시, 수원 화성』(돌베개, 2002) pp116-117

*서장대의 절병통과 『의궤』의 절병통 그림

5) 동장대 영롱장의 기능과 의미와 상징

玲瓏牆영롱장은 동장대東將臺 뒤편을 둘러싸고 있는 담을 가리킨다. 정조는 말을 타고 대 아래까지 들어와 계단 아래에서 말에서 내려 동장대 마루에 자리를 잡고 군대의 훈련을 직접 지휘하기도 하고 관람하기도 했다. 정조가 자리 잡고 앉았던 마루 뒤쪽에 영롱장이 있다. 정조의 경호원들이 웅크린 자세로 왕의 일거수일투족을 살피면서 암살에 대비하였다는 것이다.[43] 어릴 적부터 암살당할 위기를 여러 번 겪었기에 어딜 가든지 암살에 대비했다는 것. 여기에서도, 자신이 만든 친위부대 장용영의 훈련 장면을, 자신도 군복을 입고 무장을 한 상태로 친히 보는 이 자리에서도 암살당할 것을 생각하지 않을 수 없는 강박관념!

---

43) 김진국·김준혁 지음『우리가 몰랐던 정조, 화성이야기』(수원화성박물관, 2010) pp140-145

영롱장을 그 강박관념의 실존 현장으로 보기에는 너무나 아름답다. 그 강박관념을 멀리 한양의 구중궁궐에서부터 화성의 동장대까지 가져와서 저 아름답고 영롱한 둥근 선들의 유희 속으로 던져버리고 있는 듯하다. 동일하게 무한 반복되는 원 무늬가 끝없는 권력 투쟁을 보여주는 듯도 하다. 사실 승자도 패자도 없이 돌고 도는 것이 권력 투쟁이 아닌가. 정조는 그러한 권력 투쟁, 현실 정치에서 끝없이 이어지고 있는 것을 끝장내려고 하지는 않았던 것으로 보인다. 예를 들어, 자신의 정적으로 알려진 沈煥之심환지(1730~1802)와 편지를 수없이 주고받으면서 의견을 조율하고 공존하려고 했지 결코 권력 투쟁을 끝장내고 유일한 독재 정권을 만들어내려고 하지 않았다는 것을 볼 수 있다. 강박관념에 이끌려 다닌 것이 아니라 강박관념을 즐기면서 넘어서려고 한 것이 아닐까 하는 생각이 드는 것이다. 끝이 없으니 끝내는 것도 있을 수 없는 것을 이미 알았을까. 아마도 그는 유교적 닫힌 세계관, 제아무리 요 임금이라도 한계에 갇히고 마는 그러한 세계 속에 막혀 있지 않으려고 했을 것이다. 그래서 莊子장자의 華화의 세계로 나아가고자 한 것. 과연 자신을 암살하려는 무리들을 감시하려고 영롱장을 쌓게 하였을까. 자신은 이 동장대, 담으로 둘러싸여 있는 여기에 있으나 정조의 또 다른 자아는 저 영롱한 담을 통해서 무한히 반복되는 권력 투쟁의 와중에 휘말리지 않고 저 영롱장의 무수하게 열린 구멍들을 통해서, 화려한 영롱장을 통해서 華의 세계로 가는 꿈을 꾸었던 것이 아닐까.

*동장대의 정조가 앉았을 자리와 뒤의 영롱장

10. 西弩臺서노대와 東北弩臺동북노대

　노대는 성 가운데서 쇠뇌를 쏠 수 있도록 높이 지은 진지로서, 근접하는 적을 공격할 수 있도록 만든 시설이다.[44] 『의궤』에 서술된 서노대와 동북노대의 제작법을 비교해 보자.

서노대	동북노대
地臺지대 위에 체벽(돌 계단에 기와벽돌을 쌓은 성벽-역자 주)으로 면을 만들고, 돌을 깎아 모서리를 만들었다. 地臺上砌甓爲面 剡石爲隅	벽돌로 쌓는 방식은 사각형이지만 모서리를 깎아 벌의 허리처럼 만들어서 모를 죽인다. 甓築之制四方 而剡其隅蜂腰 而削其勢

　모난 부분을 부드럽게 만들고 부드러운 부분을 모나게 만들어줌으로써 음양의 조화를 이루고 화합을 만들어내는 원리를 보여주고 있다. 그 모양을 보면, 서노대는 팔각형, 동북노대는 사각형으로 되어 있다. 서노대는 팔각형으로 되어 있어 한 각이 135도의 둔각이 되어 팔각형 그대로 깎을 경우에는 마치 원처럼 보일 수 있으므로 굳이 다른 재료인 돌을 가지고 모서리를 만들어서 팔각형이 분명해지게 했다. 이로써 서노대가 분명히 팔각형

---

44) 최홍규 『정조의 화성건설』 (일지사, 2001) p187

의 모양을 갖추게 되고 팔괘를 뜻한다는 의미를 더욱 분명하게 보여주고자 하는 의도도 있는 것으로 보인다. 동북노대는 사각형으로 되어 있어 한 각이 90도가 되어 분명한 사각형이므로 모서리를 깎아도 사각형으로 보일 수 있으므로 모서리를 깎은 것이다.

서노대는 '剡石爲隅섬석위우' 즉, '돌을 깎아 모서리를'〈굳이〉'만들'어 놓았고 동북노대는 '剡其隅섬기우' 즉, '모서리를 깎'았으니 정반대 작업을 했다는 것을 알 수 있다. 동북노대에서는 그 기세를 삭제했다면[削其勢] 서노대에서는, 말을 만들어 대구를 완성해 보자면, 그 기세를 첨가했다[添其勢]고 할 수 있다. 말하자면, 기세[勢]를 添削첨삭하고 있다. 너무 모가 나지도 않고 너무 둥글지도 않게 해준다. 기세가 넘치면 실수하게 될 우려가 있으므로 넘치는 부분을 삭제해야 하고 모자라면 나서야 할 때에 나서지도 못하게 되니 모자라는 부분을 첨가해 주어야 한다. 이로써 중용을 얻어 평정심을 가지고 싸움에 임하여 승리를 거둘 수 있는 것이다.

*『의궤』서노대 그림　　　　*복원된 서노대

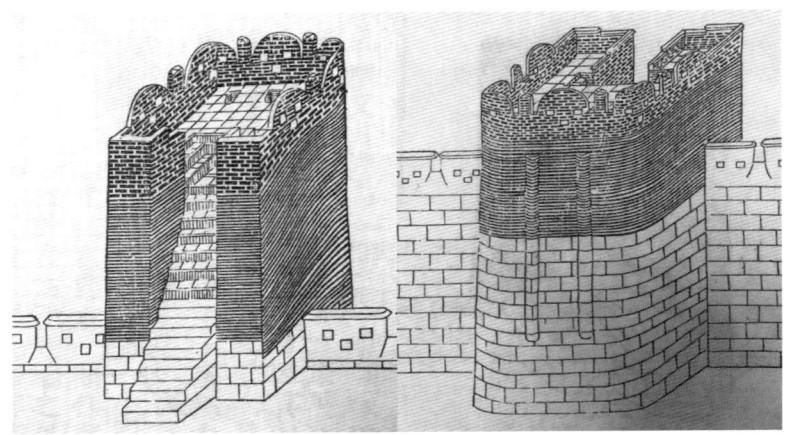

*『의궤』 동북노대 내도와 외도

*복원된 동북노대 안쪽

*복원된 동북노대 바깥쪽

11. 雉치

'雉'치란 일정한 거리마다 성곽에서 바깥으로 튀어나오게 만든 시설이다. 성벽 가까이에 접근하는 적군을 쉽게 공격하고 성벽을 보호하기 위한 것으로 화성에는 10개의 치가 있다. 雉는 꿩을 의미하는데 『의궤』의 설명대로 꿩이 자기 몸은 잘 숨기고 밖을 엿보기를 잘하기 때문에 그 모양을 본따서 '雉城'치성이라고 이름 붙인 것이다.

10개의 치 가운데 2개는 서남암문에서 서남각루인 화양루로 가는 길 좌우에 있다. 제1, 제2로 이름붙이는 것은 화양루를 출발점으로 한 것이다. 화양루에서 서남암문 쪽으로 나오는 길에 서쪽인 왼쪽에 있는 치가 西南 一雉, 조금 더 오다가 보면 오른쪽에 있는 치가 西南 二雉이다.

10개의 치 가운데 8개는 화성을 가장 길게 가로지르는 선, 즉 화성을 버드나무 잎으로 보았을 때 그 중심 되는 맥을 이루는, 화양루 혹은 서남암문에서 동북노대로 그어지는 선의 좌우로 4개씩 설치되어 있음을 볼 수 있다. 10개 방향은 불교에서 소위 '十方시방'으로 '동서남북의 四方사방과 동남, 동북, 서남, 서북의 四隅사우, 上下상하를 통틀어 이르는 말'이다. 화양루로 가는 용도에 있는 서남 일치와 서남 이치 2개의 雉는 上下 방향을 상징하는 것으로 볼 수 있고, 나머지 8개의 雉는 四方과 四隅를 상징하는 것으로 볼 수 있다. 그래서 모든 방면에서 적을 살피는 데 10개 방향으로 완벽하게 살피고 있음을 드러내고 있는 것이다.

*동삼치 바깥쪽   *남치 안쪽

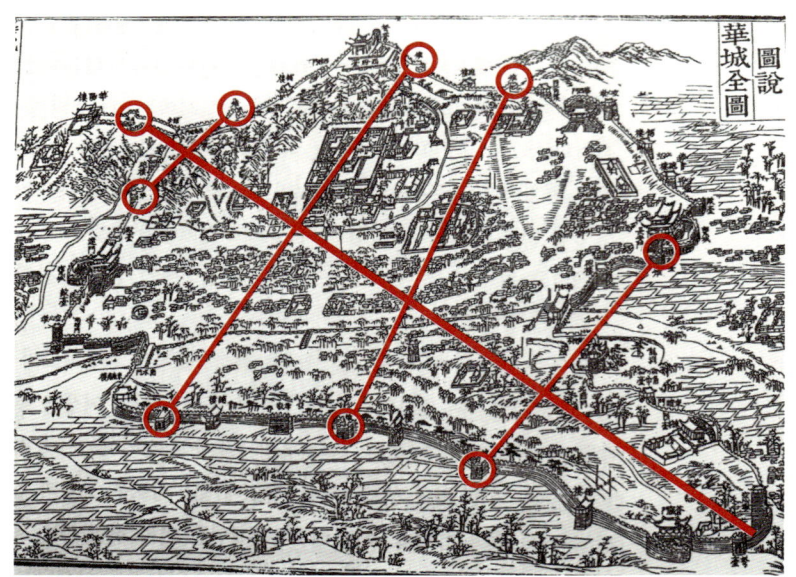

*대각선의 왼쪽 끝에 위쪽이 서남일치, 아래쪽이 서남이치.
오른쪽부터 시계 반대 방향으로
북동치-서일치-서이치-서삼치-남치-동삼치-동이치-동일치

12. 華陽樓화양루(西南角樓서남각루)

1) 창룡문에서 화양루까지

창룡문에서 화양루까지 직선을 그으면 화성 한가운데의 십자 가로를 지나서 화양루에 이르기 전에 西南暗門서남암문과 그 위에 있는 西南鋪舍서남포사에 이른다. 서남암문을 지나면 성벽으로 보호된 다소 넓은 길인 길게 뻗은 甬道용도를 지나 서남각루인 화양루에 이르게 된다. 蒼龍門창룡문이 용의 머리라면 화양루에 이르는 용도는 용의 꼬리를 형상화한 듯한 느낌을 지울 수가 없다. 이 용도와 화양루는 다산 정약용의 원래 설계에서는 없었는데 이 지역의 지리를 잘 아는 화성 건설의 현장 책임자였던 조심태에 의해서 수정되어서 현재의 모습이 되었다고 한다.[45] 서남암문에서 화양루에 이르는 이곳이 성에 포함되지 않았으면 화양루가 자리한 쪽을 차지하고 화성 안을 공격하는 적을 막을 도리가 없기 때문이었다. 이 甬道용도가 없었으면 용의 꼬리가 없는 모습이 되었을 것이다. '畵龍點睛화룡점정'[46] 이 아닌 畵龍

---

[45] 김진국 · 김준혁 지음 『우리가 몰랐던 정조, 화성이야기』(수원화성박물관, 2010) pp118-121
[46] 김진국 · 김준혁 지음 『우리가 몰랐던 정조, 화성이야기』(수원화성박물관, 2010) p120

點尾화룡점미라고나 할까. 아무튼 용도와 화양루가 있음으로 해서 용의 머리에서부터 꼬리까지 온전한 용의 형상이 그려지는 것이다. 창룡문에서 이 화양루에 이르는 직선은 화성을 횡단하도록 그을 수 있는 선들 가운데 가장 길게 그려지게 된다. 화성 전체를 柳川유천을 主脈주맥으로 하는 버들잎 모양이라고 하는데, 오히려 이 창룡문에서 화양루에 이르는 이 선을 주맥으로 하는 버들잎 모양이 그려지는 것이 아닌가 생각된다. 화성을 지탱하는 가장 중심적인 줄기는 용의 머리에서부터 꼬리까지 온전히 갖추어진 것이고, 꼬리에 힘을 주면서 용은 중심을 잘 잡을 수 있고, 꼬리로 땅을 치면서 하늘로 오를 수 있는 것이다.

*화양루로 가는 용도와 화양루

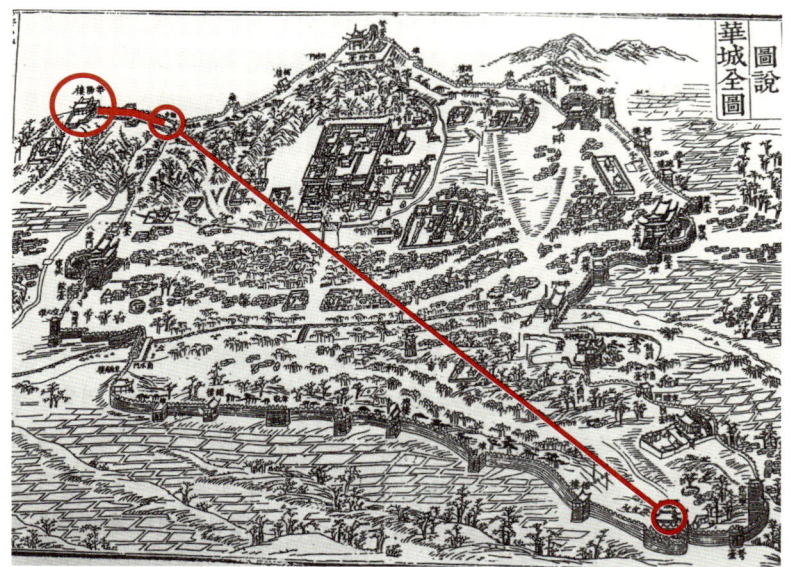

*오른쪽 아래 창룡문에서 직선으로 화성을 횡단하는 선을 그으면
왼쪽 위의 서남암문(서남포사)으로 들어가서
굵은 선 부분인 용도를 지나 화양루에 이른다

2) 창룡문-화양루, 화서문-남수문

  화서문에서 화성의 중심을 지나는 선을 그으면 남수문에 이르게 된다. 창룡문-화양루가 용의 머리에서부터 꼬리까지의 온전한 전체를 뜻하고 높이 솟아오르는 것을 상징한다면, 화서문-남수문에 이르는 이 선은 아래로 흘려보냄을 뜻한다고 할 수 있다. 창룡문-화양루가 올라가는 것, 화서문-남수문은 내려가는 것을 상징하므로 조화를 이루어서 이 화성에는 長安장안과 八達팔달이 이루어지는 것이다.

  화성의 동-서는 봉돈-서장대, 남-북은 팔달문-장안문, 동북-서남은 창룡문-화양루, 서북-동남은 화서문-남수문이 서로 마주 보고 있으며 이 팔방의 중심에 십자가로가 놓여 있다. 화성이 중심이 안정되게 잡혀 있으므로 사방팔방으로 뻗어나갈 수 있고 또한 그와 동시에 사방팔방의 기운이 화성의 중심으로 모일 수 있는 구조를 가지고 있음을 볼 수 있다.

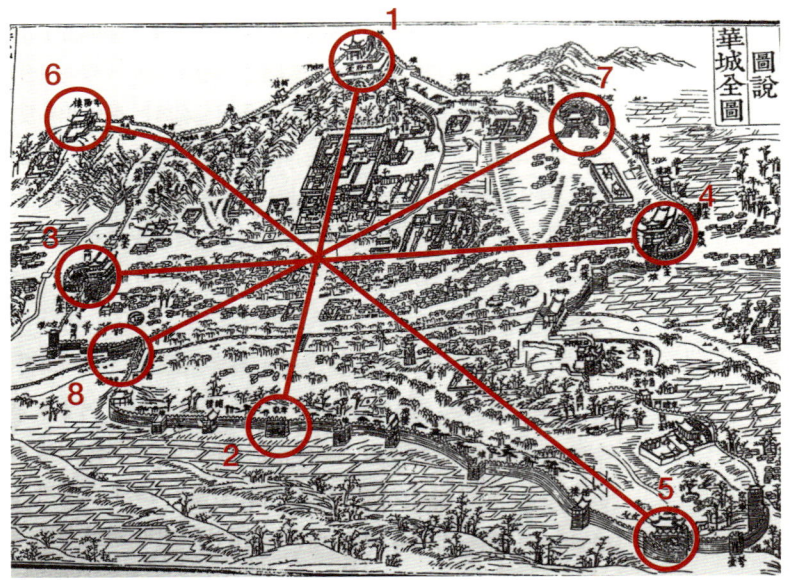

*1-서장대, 2-봉돈, 3-팔달문, 4-장안문
5-창룡문, 6-화양루, 7-화서문, 8-남수문

성곽 모양을 보면 화양루는 서남방의 각진 곳에서 밖으로 뻗어나가 있고, 남수문은 동남방의 각진 곳에서 안으로 각이 져 있다. 남공심돈에서 오자면 남수문 앞에서 직각을 이루면서 동남각루로 연결되고 있다. 화양루가 陽양을 표시한다면, 남수문은 陰음을 표시하고 있는 것이다. 이렇게 각이 지는 곳에서 밖으로 뻗어나가거나 안으로 끌어들임으로써 단조롭게 모난 성벽이 아니라 변화를 꾀하고 그와 동시에 모난 것을 극복하고 있는 것으로 보인다.

3) 서남암문(서남포사) - 용도 - 화양루

 華陽樓화양루로 들어가는 문이 西南暗門서남암문이고 이 서남암문 위에는 西南鋪舍서남포사가 있다. 서남암문에서 화양루까지 이어진 길이 甬道용도로 널찍한 길이다. 서남암문 보꾹에는 용이 그려져 있다. 보꾹에 용이 그려진 곳은 이외에 사대문인 장안문, 팔달문, 창룡문, 화서문 뿐이다. 원래는 후미진 곳에 지상보다 낮은 곳에 눈에 띄지 않게 만들어지는 것이 암문인데 이 서남암문은 지상 위에 있을 뿐만 아니라 그 위에 鋪舍포사인 누각까지 갖추고 있다. 암문의 보꾹에는 용 그림이 그려져 있고 오성지도 설치되어 있다. 이 서남암문은 보꾹에 용 그림이 있는 사대문에 버금가는 위치에 있는 문이라는 것을 위치와 모양과 장식으로 보여주고 있다. 이 서남암문을 지나면 왕의 길처럼 넓은 용도가 있고 용도의 끝에는 華麗화려와 陽氣양기가 합쳐진 대단히 강렬한 인상의 이름을 가진 華陽樓가 있어서 화성에서 남다른 의미를 가진 곳임을 알 수 있게 해준다.

*서남암문 성 안쪽에서 본 모습, 위의 누각이 서남포사

*서남암문 보꾹의 용 그림

4) 화양루 - 화홍문 - 신풍루 - 화산

華陽樓화양루는 華虹門화홍문의 다른 이름이라고 할 수 있다. 왜 그런가 하면, 華虹門화홍문의 虹홍은 수컷 龍용을 뜻하기도 하기 때문이다. 수컷 용은 陽양을 뜻하는 것이고 결국 華虹화홍과 華陽화양은 같은 말이라고 할 수 있다. 『주역』에서 西南方서남방은 坤곤을 뜻하고 이는 곧 땅과 관계된 것이다. 〈서남암문-서남포사-서남각루-서남일치-서남이치〉 西南서남이라는 말이 들어간 건조물 명칭이 다섯 개나 일직선상에 몰려 있어서 여기가 西南方서남방이라는 점을 유독 표나게 보여주고 있다. 화홍문은 수문으로서 물을 다스리는 일과 관계되어 있고, 화양루는 땅[坤곤]을 다스리는 일과 관계되어 있다. 물과 땅은 화성의 경영에 있어서 가장 중요하게 여겨졌던 두 가지 屯田둔전과 저수지를 뜻하는 것이다. 화성에는 둔전을 두어서 자급자족할 수 있는 도시가 되게 했고, 저수지를 만들어서 둔전에 물을 댈 수 있도록 해서 화성이 자립할 수 있는 기반을 완벽하게 마련하게 된다.

華陽樓화양루가 땅[坤곤]과 관련된 곳인데 땅을 뜻하는 陰음이 아니라 陽양을 굳이 넣은 것은 陰陽음양의 조화를 이루기 위함이라고 할 수 있다. 지하에 있어야 할 암문을 지상에 설치하고 굳이 暗門암문이라고 이름 붙인 것은 陰음을 陽性化양성화하는 것인데 마른 땅에 물을 대는 것을 상징적으로 보여주고 있다고 할 수 있다. 화양루로 가는 서남암문의 보꾹에 용을 그려 넣음으로써 華虹門화홍문과 연결됨을 보여주고 사대문과 버금가는 위치로 격상시켜 땅이라는 문제가 중차대한 사안임을 보여주는 것이라고 할 수 있다. 서남암문에서 화양루에 이르는 길은 일견 고대 로마에 물을 공급하던 水路수로와 같다는 생각을 하게 하는 것도 이유가 있다 하겠다.

『의궤』 화성전도에서 화양루와 화홍문을 직선으로 연결하면 가운데쯤에 행궁의 新豊樓신풍루를 지나게 되는데, 물과 땅의 문제가 해결되면서 豊年풍년이 이루어지게 됨을 뜻하는 것을 나타내는 것이 아닐까.

華虹門화홍문은 화려한 무지개[華虹화홍]를 뜻하고 이는 전쟁을 그치고 평화로운 시대가 도래하기를 바라는 뜻이 담겨 있다고 할 수 있다. 華陽화양이라는 말도 전쟁을 그치고 평화를 누리는 것과 연관된다. 『書經서경』에 나오는, 周주나라의 武王무왕이 殷은나라를 정벌하고 다시는 전쟁이 일어나지 않게 하겠다는 뜻으로 豊풍 땅에 이르러 군마를 모두 화산의 남쪽[華山之陽]으로 돌려보내고 소는 桃林도림의 들녘에 풀어놓았다는 이야기에서[47] 華화 자와 陽양 자를 따온 것으로 볼 수 있는데 실제로 『의궤』에 실린 「화양루 상량문」에도 이 고사가 인용되어 있다.

 華陽화양이라는 지명은 華山화산과 관련이 있고, 또한 豊풍 땅과 관련이 있다. 豊풍 땅은 新豊樓신풍루에서 '새로운 豊풍'[新豊] 땅과 이어지고, 화산은 사도세자의 묘가 있는 花山화산과 이어진다. 화양루는 화성을 마무리하는 자리에 위치해서 화홍문에서 내려와 화성 행궁의 정문인 신풍루를 거쳐 화성의 정기의 정점을 찍고 성 밖으로 사도세자의 묘가 있는 화산과 이어지면서 화산에 화성의 기운을 전해주고 또한 역으로 화산의 기운을 받아 화성에 전하는 자리에 있음을 알 수 있다.

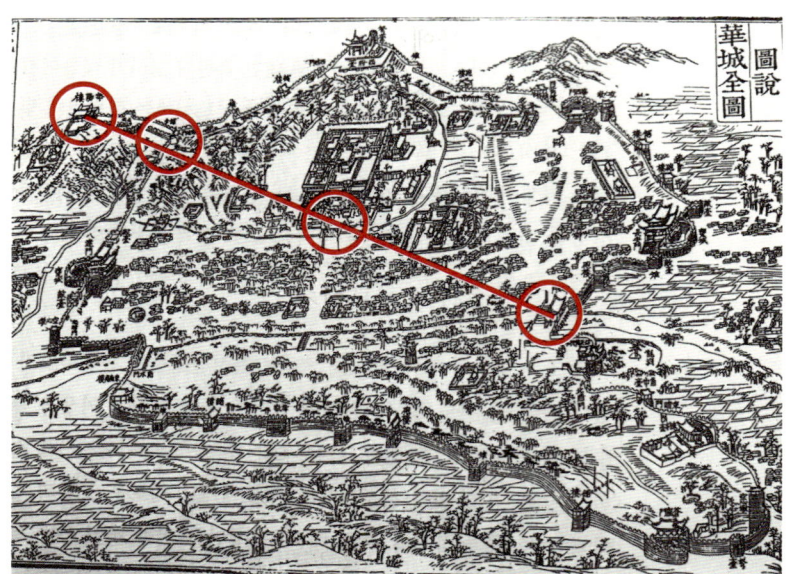

*오른쪽부터 화홍문 - 신풍루 - 서남암문(서남포사) - 화양루

---

47) 성백효 역주 『書經集傳서경집전』하 (서울: 전통문화연구회, 1998) p39

13. 鐘閣종각

정조가 지은 시 「鐘閣종각」은 이러하다.

> 通衢高閣鎭王城 네거리 길 높은 누각이 왕성을 진압하여
> 萬斛洪鐘曉夜鳴 만곡의 큰 쇠북이 새벽과 밤으로 울리어라
> 動息吾民聲以準 우리 백성 일하고 쉬는 걸 이 소리로 표준 삼아
> 夜聲能定曉聲行 밤 소리엔 인정에 들고 새벽 소리엔 일을 하네

(人定인정 : 조선 시대에 매일 저녁 二更이경이면 二十八宿이십팔수의 뜻으로 鐘閣종각 종을 28번 쳐서 민간의 통행을 금지했던 것을 말한다. 그리고 五更 오경이 되면 三十三天삼십삼천의 뜻으로 종을 33번 쳐서 통행금지를 해제했었다. - 역자 주)[48]

이 시는 한양의 종각을 두고 읊은 것인데 정조는 화성의 종각에 대해서도 같은 생각을 가지고 있을 것으로 사료된다. 화성의 종각은 1794년 행궁 앞 십자로(종로)에 세웠으나 일제 강점기와 한국전쟁을 거치면서 사라졌고 2008년에 與民閣여민각이라는 이름으로 복원되었다. 행궁 앞 사거리는 화성의 중심부에 해당되는 곳인데, 이곳에 종각을 세움으로써 이곳에서부터 사방팔방으

---
48) 『홍재전서』제 2권 春邸錄춘저록 2 詩시

로 종소리가 울려 퍼지도록 했다.

위의 시에 누각이 왕성을 '진압'한다[鎭]는 말이 있는데 화성의 중심에 있는 종각이 왕의 도성을 진압하고 있다는 것이다. '진압하다'로 번역된 鎭진은 '누르다'라는 뜻인데, 눌러서 안정시켜 고요하게 하고 가라앉게 한다는 의미로 볼 수 있다. '鎭王城진왕성'이란 이 종각이 왕의 도성을 진중하게 안정되게 한다는 뜻이다. 이 종각을 '높은 누각[高閣고각]'이라고 해서 이 종각이 화성의 높은 곳에 있고 이 종각 아래 화성 전체가 안정된 모습을 유지하고 있음을 뜻하고 있는 것으로 볼 수 있다. 이 종각의 쇠북은 울림[鳴명]으로써 왕성을 진중하게 안정시키고 있다. 울림[鳴]이란 자연스럽게 퍼져나가는 것을 의미한다. 종소리가 은은하게 울려 퍼지는 것을 뜻하는 말이다. 화성에서의 다스림은 〈울림의 다스림〉으로 자연스럽고 공명되는 이상적인 다스림이 되어야 함을 뜻하고 있다.

이 종소리가 백성에게 새벽과 밤을 알려주는 시간의 '표준'이 되고 있다. 일을 하고 일을 쉬는 것의 기준을 이 종소리가 제시해주고 있다. 이 종각은 공간적으로 화성 전체를 위에서 덮고 있을 뿐만 아니라 시간적으로도 화성 전체를 이끌어가고 있다. 화성 한 가운데로부터의 울림이 화성 전체를 시간적으로 그리고 공간적으로 위치 잡아주고 있다. 이 종각에서 울리는 종소리는 북으로 장안문을 통해서, 남으로는 팔달문을 통해서 이 나라의 남쪽과 북쪽으로 울려 퍼지고 있고, 한양의 종각에서 울리는 종소리와 호응하면서 풍부한 울림으로 온 나라를 감싸고 이끌어가고 있었던 것이다.

莊子장자는 외적 자연의 자연스러운 순환을 음악에 비유해 "춘

하추동의 四時사시는 차례에 따라 번갈아 일어나고, 만물은 그에 따라서 순환해 생겨난다. 한번은 맹렬하고 한번은 완만하게 부드러운 음과 딱딱한 음이 잘 조화되고, 한번은 가벼운 상태로 한번은 무거운 상태로 연주되어 음양의 조화를 이루며 그 소리를 널리 흘려보낸다"고 설명했다.[49] 화성 행궁 앞에는 홍살문이 있는데 이 문 위쪽에는 陰陽음양의 운동을 뜻하는 태극무늬가 그려져 있다. 이 음양의 조화가 이 종각의 종소리를 통해서 화성 전체로 물결쳐 퍼져나가면서 화성이 나라 전체와, 나아가서는 우주 전체와 공명하고 있는 모습을 보여주고 있다 할 것이다.

*행궁 앞의 홍살문, 안쪽으로 여민각이 보인다.

*여민각
(종각은 여민각이라는 이름으로 복원되었다.)

---

49) 양승권 『장자』 (한길사, 2013) p120

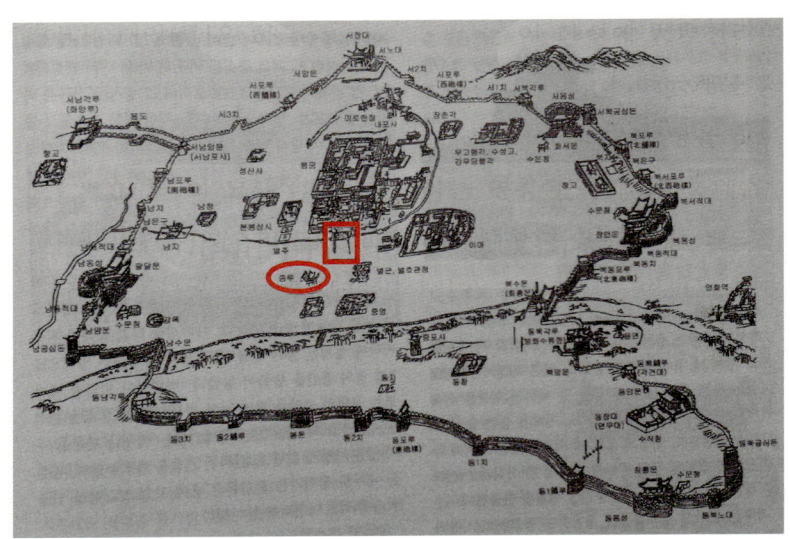

* 동그라미 표시된 부분이 종각('종루'라고 표기되어 있다),
그 위쪽에 사각형이 홍살문
그림은 〈화성의 건물과 시설〉(『화성성역의궤 건축용어집』31쪽)

14. 鋪舍포사

　위험을 전달 받아서[傳受전수] 전달해주는[傳授전수] 일을 하는 곳을 鋪舍포사라고 한다. 화성의 포사는 세 곳에 있는데 성내 가운데에 하나(中鋪舍중포사), 서남암문 위에 하나(西南暗門鋪舍서남암문포사), 그리고 화성행궁 뒷담 안쪽에 또 하나(內鋪舍내포사)를 두었다. 성에 닥치는 위험을 관측하고 인지하는 일은 성벽 곳곳에 있는 시설물에서 할 수 있다. 장안문이나 팔달문의 높은 누각에서 멀리 볼 수 있을 뿐만 아니라 화성의 성곽은 어느 곳에서든지 성에 닥치는 위험을 볼 수 있는 구조를 가지고 있다. 포사의 주된 역할은 위험의 관측이 아니고 위험의 傳受전수와 傳授전수라고 할 수 있겠다. 위험을 알리는 방법은 깃발을 흔들거나 木魚목어를 두드리거나 포를 쏘는 것이었다고 한다.

　위험의 傳受전수와 傳授전수는 조심스럽다. 섣불리 위험을 자주 알렸다간 그 유명한 양치기 소년과 같이 되고 말 것이다. 위험을 간과한다면 성 전체의 파멸을 가져올 수도 있는 것이다. 깨어 있는 것이 요체라고 하겠다. 항상 깨어 있어 정확하게 전달 받고 정확하게 전달해주어야 한다. 中중포사와 內내포사가 있고 暗門암문위에 포사가 있다. 한가운데[中중]와 속[內내]과 드러나지 않은 곳[暗암]에서 잘 전해 받고 잘 전해주어야 한다는 뜻을 담고 있다. 드러난 것과 드러나지 않은 것을 연결하는 역할을 이 鋪舍포사가 하고 있다고 할 수 있다. 주변부[邊변]의, 바깥[外외]의, 밝히 드러난[明명] 곳의 위험이 한가운데로[中중], 속으로[內내], 드러나지 않은 곳[暗암]으로 밀려들 때에는 손쓸 길이 없이 무너지게 된다. 포사는 중심부와 주변부, 안과 밖, 어둠과 밝음의 경계에 서서 성의 모든 부분이 빠짐없이 안전하고 평화롭게 유지되도록 지켜주고 있음을 뜻하는 상징물이라고 할 수 있다.

*행궁 뒤편에 있는 내포사　　　*문 위의 누각이 서남암문포사

*『의궤』중포사도 (현재 미복원)

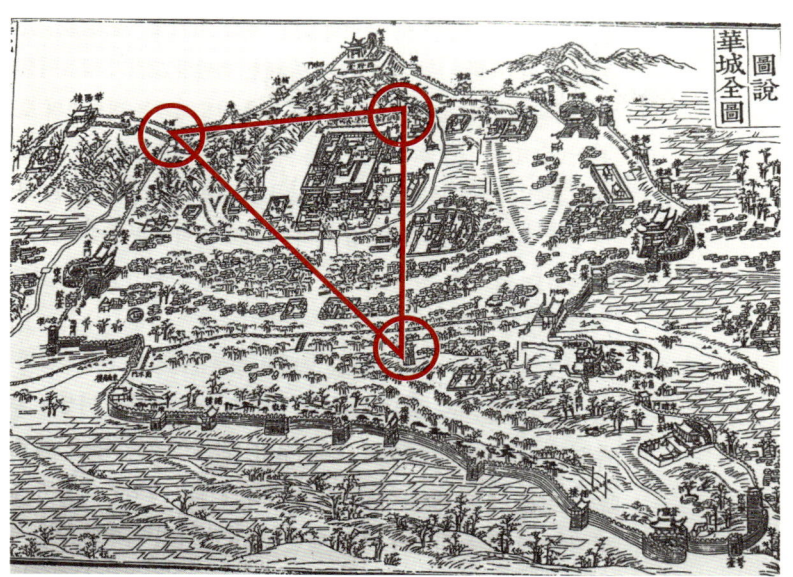

*삼각형의 위 오른쪽이 내포사
위 왼쪽이 서남암문포사
아래가 중포사
삼각형이 행궁을 중심으로 그려진다

15. 角樓각루

　角樓각루란 성벽 위의 모서리에 지은 누각을 가리키는데, 적의 동태를 살피는 것이 주된 목적이다. 화성에는 동북각루(방화수류정), 서북각루, 서남각루(화양루), 동남각루의 네 각루가 있다. 『의궤』의 화성전도를 보면 이 네 곳의 각루는 사각형을 그리고 있다. 서장대가 이 성의 중심이라는 것을 한눈에 알 수 있게 되어 있다. 화성의 중심인 서장대를 그대로 공중으로 끌어다 화성의 상공에 놓으면 그 중심축은 화성행궁 앞의 홍살문이 된다. 이 홍살문을 중심축으로 하고 네 각루는 밑변을 형성하고 있다. 서장대는 화성의 입체적인 중심에 있어 사각형을 밑면으로 하는 사각뿔의 꼭짓점처럼 보이도록 되어 있다는 것을 알 수 있다.

*동남각루　　　　　*『의궤』서북각루 외도

*서남각루(화양루)　　　　*동북각루(방화수류정)

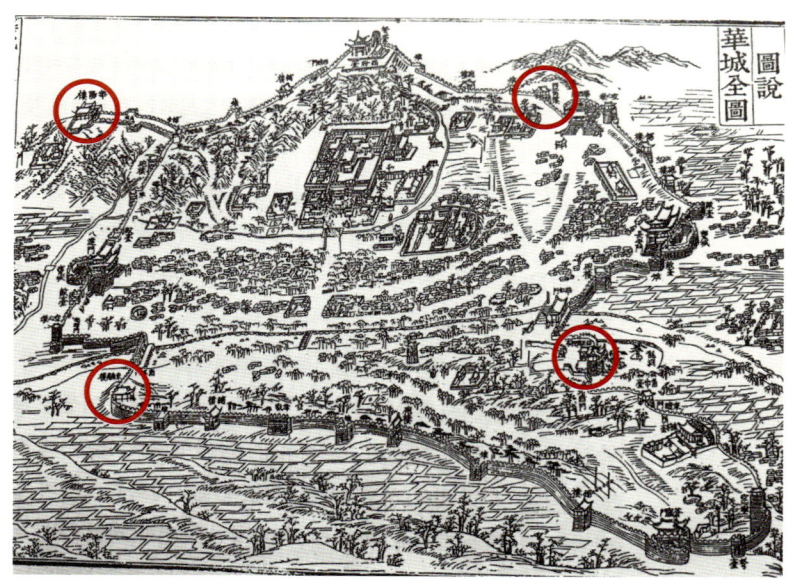

*왼쪽 아래부터 시계방향으로
동남각루, 서남각루, 서북각루, 동북각루

16. 화성의 두 龍용 : 방화수류정~남수문, 창룡문~화양루

　訪花隨柳亭방화수류정은 용머리 바위 위에 세워진 정자이다. 방화수류정 아래에는 반달 모양의 연못인 龍淵용연을 만들었다. 용연에서 나온 물은 용머리 장식의 吐水口토수구를 통해 北水門 북수문인 華虹門화홍문 앞의 버드내[柳川유천], 水原川수원천으로 이어져 화성을 관통하고 南水門남수문으로 흘러간다. 방화수류정에서 북수문, 남수문을 흐르는 이 물줄기는 사도세자의 묘소인 융릉과 용주사에 이른다. 방화수류정은 용의 머리, 수원천 줄기는 용의 몸통에 해당되는 것으로 이는 정조의 아버지 사도세자를 뜻하는 것. 용연이 반달인 것은 사도세자가 왕이 되지 못하고 세자에 그쳤기 때문이라는 것. '그 반달이 재생되어 보름달처럼 둥근 하늘이 되시기를 간절히 바라는 정조의 정성이 오롯이 담긴 곳'이라는 것.[50] 방화수류정을 화홍문 앞의 개천인 柳川유천을 따라[隨수] 사도세자의 무덤이 있는 花山화산을 찾아가는[訪방] 뜻이 담긴 정자[亭정]로 해석하기도 한다. 사도세자의 명복을 빌기 위하여 세운 절 이름이 '龍珠寺용주사'인데, 정조가 절의 낙성식 전날 밤 용이 여의주를 물고 승천하는 꿈을 꾼 후 절 이름을 용주사라고 하였다는 것이다. 사도세자가 이 방화수류정

---
50) 박영목『정조의 복수, 그 화려한 8일』(시간의물레, 2010) p559

에서 승천하고 있는 것처럼 보인다.

蒼龍門창룡문에서 화성의 중심인 십자가로를 지나서 西南鋪舍서남포사 아래의 西南暗門서남암문을 지나면 성벽으로 보호된 다소 넓은 길인 甬道용도를 지나 西南角樓서남각루인 華陽樓화양루에 이르게 되는데, 이는 화성을 가장 길게 횡단하는 선을 그리게 된다. 창룡문은 용의 머리, 서남포사에서 화양루에 이르는 용도는 용의 꼬리, 용의 몸통이 버들잎[柳葉유엽] 모양의 중심부를 관통하는 중심 맥을 이루게 된다. 이 창룡문에서 화양루에 이르는 이 용은 정조 자신을 가리키는 것으로 볼 수 있다.

화성에는 두 용이 있는 바, 하나는 방화수류정에서 남수문에 이르고, 또 하나는 창룡문에서 화양루에 이른다. 이 두 용이 화성을 지탱하고 있는 형국이다. 화성의 가장 화려한 정자가 방화수류정. 온갖 꽃이 피어 있는 모양을 하고 있다. 용의 머리에 백화가 만발하니 더 이상 장엄하고 아름다울 수가 없다. 그리고 그 앞에 연못까지, 가장 수려한 경관을 뽐내는 방화수류정, 정조는 세도세자를 극도로 높이고 있음을 볼 수 있다. 아름답고 화려하게 언제나 물이 흐르는 곳에 자기 아버지를 모시고 있고, 그 아버지의 덕으로 화성이 윤택해질 것을 바라는 마음을 담은 것. 정조 자신은 이 화성의 실질적인 근간이 되어 이 성을 실제적으로 운영해나가는 주체라는 것을 보여준다.

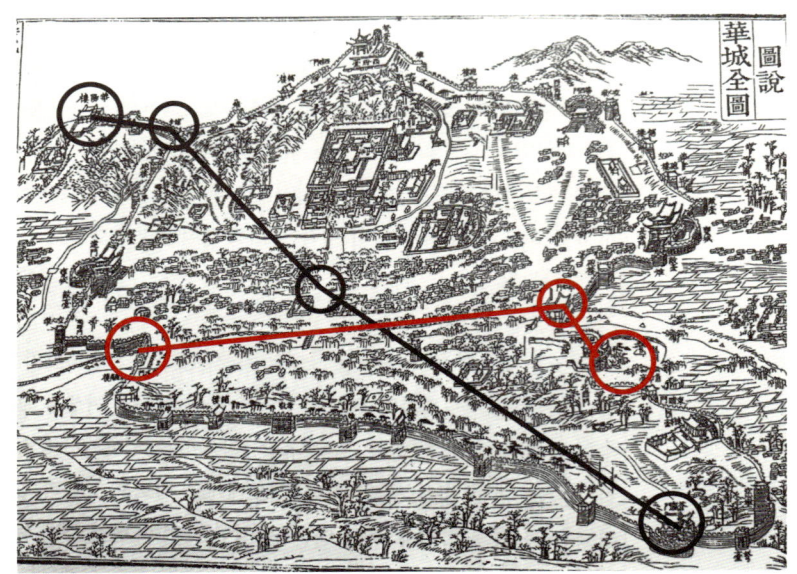

*붉은색 오른쪽부터 방화수류정(용연) - 화홍문 - 남수문.
검정색 오른쪽부터 창룡문 - 십자가로 - 서남암문포사 - 화양루

17. 華城화성과 음악적 아름다움

덕은 성의 실마리이고 음악은 덕의 꽃핌이고 쇠와 돌과
실과 대는 악의 기구이다.
德者 性之端也 樂者 德之華也 金石絲竹 樂之器也 [51]

　端단이란 '단서'를 가리킴인데, 시작할 수 있는 혹은 시작하
는 그 지점을 가리킨다. 출발선상에 설 수 있다는 뜻. 덕이 있다
는 것은 하늘이 부여해 준 그 性성을 행할 수 있는 출발선상에 서
있다는 것. 엄밀히 말하자면 이것은 아직 실행된 것이라고 할 수
없다. 이 덕이 실행된 것이 樂악이라는 것이다. 실행된 모습을
꽃핌[華화]에 비유한다. 이 꽃핌은 그냥 이루어지는 것이 아니라
쇠와 돌과 실과 대와 같은 기구[器기]가 필요하다. 기구를 이용해
서 덕을 꽃피우기, 이것을 가리켜서 진정한 의미에서의 '實學실
학'이라고 할 수 있을 것이다. 성의 단서인 덕에만 머물러 있고
꽃핌에 이르지 못하면 실학이라고 할 수 없다. 器기는 상업과 농
업과 같은, 혹은 정치와 같은 현실적인 일들을 가리키는 것이다.
　華城화성의 가장 근본적인 건축원리는 이런 의미에서 실학이

---

51) 『禮記예기』「樂記악기」樂象악상편

라고 하지 않을 수 없다. 성곽과 건축물들은 마치 음악을 연주하고 있는 듯하다. 높고 낮고 굵고 가늘게, 미려하고 장엄하게 음악을 동서양의 器기들이 어우러지면서 연주하고 있는 듯하다.

'聲音성음의 도는 정치와 통한다' 는 『禮記예기』「樂記악기」의 명제는 유교 국가에서 '음악은 정치의 반영' 이라는 방식으로 이해되었다. 정조는 음악개혁을 통해 안정된 예악정치를 펼쳐 이상적 사회를 구현하고자 하였다. 이 일을 위해서 정조는 음악을 아는 知樂之臣지악지신을 널리 구하였고 직접 악기를 하사하기도 하고 음악에 대한 공부를 자신이 심도 있게 하면서 신하들의 음악 관계 저술을 유도할 정도로 깊이 있는 음악 전문가였다. 정조의 지악지신 가운데 대표적인 사람인 정약용은 『樂書孤存악서고존』이라는 책을 펴냈다. 이 정약용은 화성 건설의 설계와 건축에 나아가게 된다. 음악 전문가 정조와 정약용이 합심하여 지은 이 화성에 음악미가 잠겨 있을 것임에 틀림없을 것으로 여겨진다.

정조는 성음이 治道치도와 관계된 것으로 파악하고, 당시의 음악 연주가 점차 빠른 연주를 선호하고, 어지러운 음조로 나아가는 점을 경계하였다.

무릇 악이란 음이 스스로 일어나는 바이다. 마음에서 생겨나 소리로 드러나고, 선악의 느낌에 따라 움직이는 것이다.
夫樂者之所自起也 生於心而形於聲 善惡隨感而動[52]

정조는 특별히 음악을 맡은 관리에게 느리고 완만한 절주를 익

---

52) 『홍재전서』 제 30권 「敎교」 1

히고 조화로운 음악을 회복하라는 하교를 내린다.[53]

정조는 수원천변에 줄지어 있던 버드나무 잎 모양으로 성곽을 쌓으라고 명했다고 하는데 성 전체 모양은 버드나무 잎과 같고, 늘어선 성곽의 모양은 버드나무 가지가 늘어지듯 유연하고 여유 있는 아름다움이고 유장한 음악과 같은 아름다움이다. 성곽이 선율을 타고 흐르는 듯하다. 음악을 통해 아름다움의 최고점에 이르는데 그 최고점은 유교적 이상을 넘어서는 노장의 세계 혹은 정조 자신의 그 세계와 만나고 있는 것이다. 화성은 유교적 이상과 그것을 넘어선 세계와 음악적으로 만나고 넘어서고 있는 것이다.

*성곽과 각건대

---

53) 송지원 『정조의 음악정책』 (태학사, 2007) pp35-62

18. 웅장하고 화려하게…기가 꺾이게

한갓 겉모양만 아름답게 꾸미고 견고하게 쌓을 방도를 생각하지 않으면 참으로 옳지 않지만, 겉모양을 아름답게 하는 것도 적을 방어하는 데에 도움이 된다. 兵法병법에 상대방의 기를 먼저 꺾는 것을 귀하게 여기기 때문에 蕭何소하는 未央宮미앙궁을 크게 지었고, 또 말하기를 '웅장하고 화려하지 않으면 위엄을 보일 수 없다.'고 하였다. 그렇다면 성루를 웅장하고 화려하게 꾸며서 보는 사람들로 하여금 기가 꺾이게 하는 것도 성을 지키는 데에 있어 큰 도움이 될 것이다.

徒爲觀瞻之美 而不念堅緻之方 固不可 而觀瞻之美 亦有助於禦敵 兵法貴乎先奪人之氣 故蕭何大治未央宮 亦曰 非壯麗 無以重威 然則城樓雄麗 使觀者奪氣 亦爲守城之大助[54]

화성의 아름다움은 웅장함과 함께 하고 있다. 이는 적으로 하여금 기가 꺾이게 하는 효과를 기약하는 것. 웅장함은 다른 성에서도 볼 수 있으나 화려함은 다른 성에서는 좀체 찾아볼 수 없

---

54) 『정조실록』 38권, 정조 17년 12월 8일 정묘 1번째기사

는 이 화성만의 독특한 면이다. 웅장함과 화려함을 갖춘 성은 화성이 유일하다 할 것이다. 화성은 적과의 접전을 염두에 두고 쌓은 성임에 틀림이 없다. 적과 싸우는 데에도 미적 감각을 중시하는 정조의 생각은 아주 세련되어 있다. 화성이 적과 싸우는 데에 사용되는 것임에 틀림없지만 전시는 잠깐이고, 또 없을 수도 있고, 평화로운 때가 훨씬 더 많은 부분을 차지하므로 성을 아름답게 꾸미는 것은 평화로운 때를 위한 것이기도 하므로 실용을 중시한 현명한 처사라고 할 수 있다. 아름다움과 화려함은 반드시 실용적인 면을 동시에 가지고 있어야 한다. 그 실용성은 또한 전쟁에 있어서 유용하게 사용될 수 있는 것이어야 한다. 이 모두를 만족시키는 것은 말만큼 쉬운 일이 아닌데 화성은 바로 그 일을 이상적으로 해내고 있다.

아름다움이 적에게 미치는 영향은 奪氣탈기, 기를 빼앗는 것. 싸우려고 하는 기세가 아름다움 앞에서 자연스레 누그러진다는 것. 아름다움으로 적을 이긴다는 이 의견은 생각하면 생각할수록, 말하자면, 현대적이다. 세련되었다는 의미에서 모던(modern)하다.

19. 甕城옹성을 보며

    적을 가두거나 돌아가는 나를 배웅하거나 갇힌 마음에 평원으로 나아가는 통로이거나 빙 둘러 나를 바라보는 반영의 곳에 서서 다시 무한대로 뻗어가는 출발점에 놓인 표지석이거나 더덕더덕 끼어오는 세월의 더께 정화시켜 불꽃놀이처럼 날려버리거나 샅샅이 살피고 티끌도 없이 사라진 공터에 휘날리는 깃발을 바라보거나……

    너를 물리치지만 않고 너를 품어주기도 하리니. 조각조각 난 상처를 보듬고 들어서는 황량한 마음에 바람막이가 되어 주리니. 조금만 울고 길게 기뻐하는 마음이 여기 거닐며 하늘의 별들이 흘러가는 모양으로 밤이면 별들을 받아 너에게로 흘려보내 주리니……

*화서문 옹성

*창룡문 옹성

*팔달문 옹성

*장안문 옹성

정조 / 화성 / 행궁

text 읽기

華城

조덕근

화성행궁

III

일기

행궁이란 임금이 행차하여 유숙하는 궁을 가리킨다. 화성 행궁은 경복궁이나 창덕궁과 같은 왕궁과 비교할 때에 아주 작은 궁이지만 행궁들 가운데 가장 규모가 크다. 정조는 화성을 새로운 이상을 품은 도시로 건설하면서 행궁도 함께 조성했다. 화성의 축성에 있어서 기본적인 방향을 정하고 그 설계의 밑그림을 그린 이가 정조이고 이 화성 안에 있는 행궁 역시 정조의 기획 아래 지어졌으므로 화성과 이 행궁은 저자(author) 정조의 작품으로서 하나로 묶여진다. 행궁은 화성과 떼어서 읽을 수 없고 반드시 화성과 연관시켜서 읽어야 하는 것이다. 행궁의 건축물들은 일제 강점기를 거치면서 거의 허물어지고 그 위에 다른 건물들이 들어서고 땅 속에 묻힌 기초만 남았었지만 일종의 原型원형(archetype)으로서의 행궁은 허물어질 수 없는 것이고 정조의 원래 의도가 고스란히 배어 있었을 것이다. 행궁의 전각과 문들에 이름을 붙이고 행궁에 유숙하고 뜰을 거닐고 문을 드나든 정조의 깊은 향취와 사상과 情操정조는 너무나 깊고 깊어서 복원된 행궁에도 그윽하게 우러나고 있다.

1. 未老閒亭 미로한정

未老閒미로한이라는 말은 단순하게 풀어 보면 '아직[未] 늙지 [老] 않아서 한가하다[閒]'는 뜻일 텐데, 〈이미〉 늙었으면 한가하지 않을 것이다. 갈 길이 바쁘기 때문. 정조는 아직 늙지 않았을 때 이 화성의 행궁에 거하면서 자기 아들을 왕위에 앉혀 놓고 상왕 노릇을 하려고 했다고 한다. 자기 아버지 사도세자를 왕으로 추숭하는 일은 자신과 신하들이 합의해서 목숨처럼 지켜온 義理의리에 충실히 근거하면서 정도를 걸어왔으므로 자신이 직접 할 수 없었고, 또 하지 않았고 그 일을 자기 아들이 할 수 있도록 길을 닦아 놓았다. 정조는 화성에 정자를 짓고 이름을 미로한정이라고 이름 붙였다.

*미로한정과 미로한정에서 내려다 본 행궁

이 정자 미로한정에서는 화성의 행궁이 소담스레 내려다보인다. 비탈진 언덕길의 중턱, 이 정자가 있는 위치가 노년이 아니라 아직 늙지 않은[未老미로] 중년의 위치 같다. 한가함[閒=閑]이란 무엇일까. 정조의 친모 혜경궁 홍씨는 『한중록』을 썼는데 『恨中錄한중록』이라고도 하고 『閑中錄한중록』이라고도 한다. 혜경궁 홍씨와 정조에게 恨한과 閑한은 통하고 있는 듯하다. 깊은 恨한 탓에 閑한을 누릴 수 없는 각박한 세월을 보냈음일까. 정조는 恨한을 벗어나 閑한을 누릴 수 있기를 염원했을까. 끝내 恨한에서 벗어나지 못하고 閑한을 누리지 못하고 이 세상을 떠났으니 늙기도 전에[未老미로] 恨한을 품고 세상을 떠난 것으로 人口인구에 膾炙회자되는 정조의 발자취가, 행궁과 화성을 내려다보던 정조의 눈길이 복원된 미로한정에도 서려 있는 것처럼 보인다. 그런데 정조가 성심을 다해 다다르고자 했던 경지는 단지 한가함[閑한]이 아니라 사이[間간]라고도 할 수 있는 閒한이었다는 사실, 그것도 '아직 늙지 않았을[未老미로]' 그 때에. 미로한정에 담긴 단순치 않은 의미는 화성 행궁 읽기를 통해서 조금씩 모습을 드러낼 것이다.

2. 老來堂노래당 – 得閒門득한문 – 藏春閣장춘각
– 未老閒亭미로한정 – 得中亭득중정

화성의 가장 내밀한 곳이라고 할 수 있는 화성 행궁의 가장 깊숙한 곳에 老來堂노래당이 있고 得中亭득중정의 뒤쪽에 得閒門득한문이 있으며 득중정 옆에 藏春閣장춘각이 있고 다시 언덕길을 오르면 未老閒亭미로한정에 이른다. 이것들이 가진 의미를 연결시켜 보면 이렇게 된다.

늙음이 와도[老來] 한가함을 얻으면[得閒] 젊음을 간직하여[藏春] 아니 늙어[未老] 한가함[閒]을 누리게 되는 바, 이것이 곧 중용을 얻음[得中]이다.

정조는 한가한 것을 참지 못한다고 했는데 화성에서는 한가함을 얻어 새로운 삶을 살아보려고 했던 것이 아닐까.

> 나는 공사에 대해 큰지 작은지, 긴급한지 한가한지를 막론하고 며칠씩 지체시킨 적이 없었다. 성품이 번잡한 것은 참을 수 있어도 한가한 것은 참지 못하기 때문이다.
> 予於公事 無論大小繁漫 不曾留滯曠日 蓋性能耐煩而不能耐閒也[55]

---

55) 『홍재전서』 제168권 「日得錄일득록」 8 政事정사 3

미로한정에서 보면 행궁 전체가 내려다보이고 미로한정에서 행궁을 벗어나 뒷산인 팔달산 꼭대기까지 오르면 화성에서 가장 높은 곳인 西將臺서장대가 나온다. 서장대는 화성에서 군사훈련을 할 때에 정조가 앉아서 지휘를 하던 곳. 서장대 아래에 未老閒亭미로한정이 있다. 서장대에서 미로한정으로 미로한정에서 화성의 정문인 新豊樓신풍루를 이어서 계속 선을 그으면 화성을 동서로 가르는 직선이 생겨난다. 이 동서를 가로지르는 선의 한가운데에서 남북을 잇는 선이 교차하는 십자가로가 이 화성의 중심을 이루고 있다.

　서장대가 이 화성의 실제에 있어서의 지휘소라면, 미로한정은 상징적인 지휘소가 아닐까. 서장대가 전쟁을 지휘하는 곳이라면, 미로한정은 정신을 지휘하는 곳이라고나 할까. 한가운데를 얻음[得中득중]으로 한가한[閒한] 가운데서 새로운 풍요[新豊신풍]를 누리면 아니 늙고[未老미로] 젊음을 간직하면서[藏春장춘] 삶을 살 수 있겠다는 뜻을 담고 있지 않은가. 정조는 화성에 사는 모든 이들이 이런 삶을 사는 이상향으로서의 도성을 꿈꾸었던 것이 아닌가.

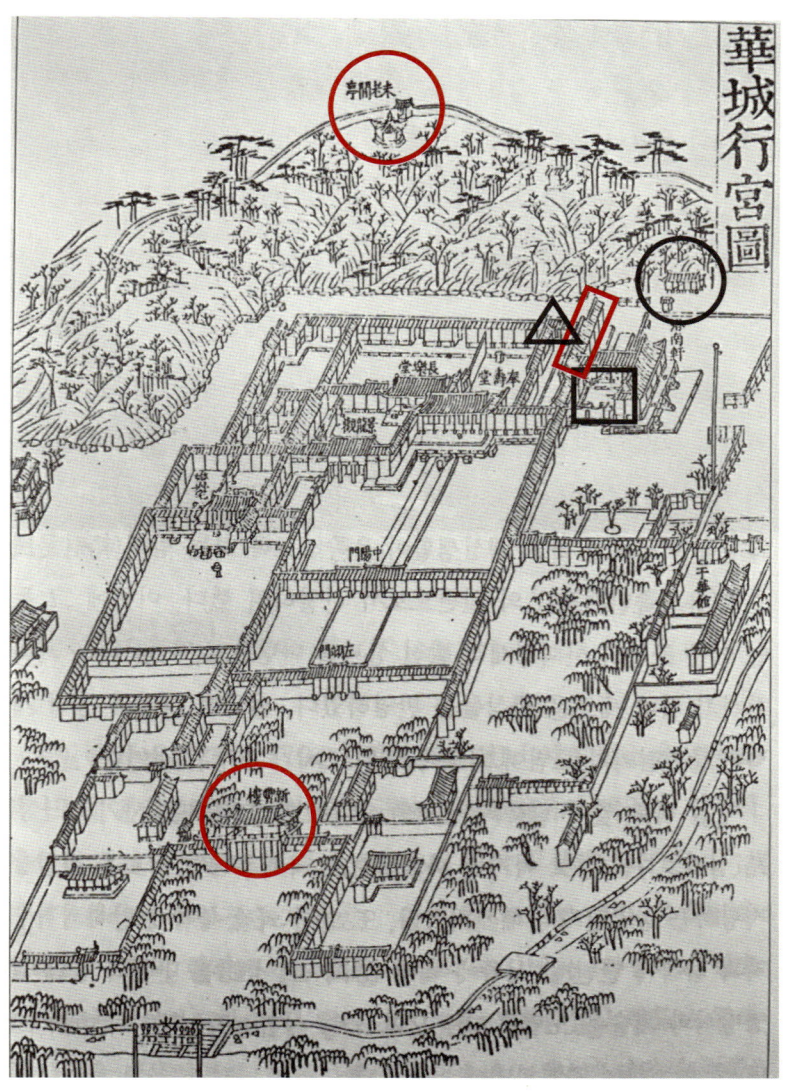

*『園幸乙卯整理儀軌원행을묘정리의궤』 (서울대학교 규장각 소장) 화성행궁도 (이하에는 언급이 없어도 이 책에서 인용한 것임).
위의 붉은색 원 미로한정, 아래 붉은색 원 신풍루, 붉은색 네모 득중정
검정색 원 장춘각, 검정색 세모 득한문, 검정색 네모 노래당

3. 老來堂노래당
- 難老門난로문 - 歌風門가풍문

『의궤』에 보면, 老來堂노래당 앞 '정원의 한가운데는 벽돌로 무지개문을 내었는데, 작은 널문에 難老난로라고 이름을 지었다'고 한다. 難老난로란 늙기 어렵다는 뜻인데, 유명한 한시에 나오는 바 '소년은 늙기 쉽다'(少年易老소년이로)는 말에서 볼 수 있듯이, 사실상 늙기는 쉬운 것이다. 늙기가 어렵다는 것은 늙음이 오는 것[老來노래]을 자연스레 받아들이는 자세를 가질 때에 이루어질 수 있을 것이다. 늙음이 오는 것을 받아들일 때에 오히려 늙기가 어렵다[難老난로]는 이치이다. 難老난로는 행궁 뒤편 언덕에 위치한 未老閒亭미로한정의 未老미로와 그 의미가 통하고 있다.

『의궤』에는 또한 老來堂노래당 '북쪽 끝의 처마 계단 위에 또 부채꼴의 작은 문이 있는데 歌風가풍이라고 이름을 지었다'고 되어 있다. 정조는 詩시와 樂악은 하나이고 詩樂시악을 통해서 백성들을 가르쳐 風俗풍속을 바꿀 수 있다고 생각하고 시악을 통한 풍속의 교화를 위해 힘썼다. 詩시에 樂악을 더한 것이 歌가라고 할 수 있다. 歌風가풍이란 詩樂시악[歌가]을 통한 풍속[風풍]의 교화를 이룸을 뜻하는 것이다.

앞에서 老來堂노래당 - 得閒門득한문 - 藏春閣장춘각 - 未老閒

亭미로한정 - 得中亭득중정의 의미를 〈늙음이 와도[老來] 한가함을 얻으면[得閒] 젊음을 간직하여[藏春] 아니 늙어[未老] 한가함[閒]을 누리게 되는데 이것이 곧 중용을 얻음[得中]이다〉 라고 읽었다. 노래당에서 서쪽에 문들과 집들의 의미가 그러하다면, 노래당 앞뜰과 그 담에 있는 문들의 의미는 〈詩樂시악을 통해서 백성들의 풍속을 바꾸는 길은 늙음이 오는 것을 받아들이는 것이 곧 더디 늙는 것임을 알게 하는 것이다〉 라고 老來堂노래당 - 難老門난로문 - 歌風門가풍문이 말해주고 있다. 늙음이 와도 한가함을 얻으면 오히려 늙기 어렵다는 깨달음에 이른 사람들이 백성인 이 화성은 성인들과 도인들의 도성이 아닐 수 없는 것이다.

　화성 행궁 북쪽에 정조의 어진을 모신 華寧殿화령전이 정조 사후에 세워졌는데 그 부속건물 가운데 齋室재실의 이름이 風化堂풍화당이다. 화령전은 정조의 아들 純祖순조(1790~1834)가 아버지 정조를 추모하기 위해서 지었는데 행궁의 歌風門가풍문을 나서서 낙남헌 앞의 너른 마당을 지나 화령전의 風化堂풍화당으로 가게 되어 있다. 제사를 준비하는 재실인 風化堂풍화당에서 정조의 뜻을 이어받아 풍속을 교화시키는 일을 계속 하겠다는 마음을 다시 먹곤 했을 것이다.

　　　*노래당　　　　　　　　*난로문, 안쪽은 노래당

*왼쪽이 난로문, 오른쪽이 가풍문

*풍화당

4. 洛南軒낙남헌

　洛陽낙양이라는 이름은 도시가 洛水낙수의 북쪽에 위치한 데에서 유래되었다. 옛사람들의 생각에 강은 서쪽에서 동쪽으로 흐르고, 해는 강의 남쪽 부분에서 뜨기 때문에 햇볕은 항상 강의 북쪽 부분이 받게 되어 있었다. 우리나라 한강의 북쪽을 가리켜 漢陽한양이라 한 것도 이런 연유에서이다.

　낙남헌은 화성의 洛水낙수라고 할 수 있는 수원천의 서쪽에 위치한다. 화성의 수원천은 옛사람의 사고방식에서와 같이 서쪽에서 동쪽으로 흐르는 것이 아니라 북쪽에서 남쪽으로 흐른다. 북에서 남으로 흐르는 강이 있는 곳에서 해가 강의 남쪽에서 뜬다면 강의 동쪽과 서쪽이 모두 햇볕을 받게 된다. 수원천의 서쪽에는 행궁과 십자가로를 비롯한 번화한 상가가 있고 수원천 동쪽에는 민가들과 농토가 주로 있었다. 수원천을 기준으로 서쪽이 양지라면 동쪽은 음지라고 할 수 있다. 그런데 정조는 행궁이 있는 곳, 즉 수원천의 서쪽을 洛南낙남이라고 한다. 행궁과 번화가가 있는 수원천 서쪽이 햇볕을 많이 받는다는 의미에서 洛陽낙양이라고 해야 할 것 같은데 洛陰낙음과 같은 의미의 洛南낙남이라고 칭한다. 수원천의 서쪽이 洛南낙남이라면 수원천의 동쪽이 洛陽낙양이 된다. 수원천의 동쪽 지역, 다소 소외되었다고 할 수 있는 이 지역에 더 많은 햇볕이 비치기를 바라는 마음이 담겨 있다고 할 것이다. 정조가 자기를 한껏 드러내기 보다는 자기를 드러내지 않고 은은하고 드러나지 않게 은혜를 베푸는 陰德음덕을 끼치고자 하는 마음을 洛南軒낙남헌이라는 이름에 담았다고 할 수 있다. 이것이 중용의 요체이고, 得中득중인 것이다. 이는 또한 젊음을 간직하는[藏春장춘] 최고의 비결이기도 한 것이다. 낙남헌에서는 늙음이 와도[老來노래] 늙지 않는 여유로움[未老閒미로한]이 느껴지는 것이다.

*낙남헌

5. 中陽門중앙문 – 左翊門좌익문 – 奉壽堂봉수당

中陽門중앙문은 화성 행궁의 한가운데에 해당되는 곳. 가운데[中중]에 태양[陽양]이 떠 있다. 중앙문 앞에 있는 문이 左翊門좌익문인데 좌익문의 왼쪽[左좌]은 북쪽에서 남쪽을 바라보았을 때에 왼쪽이 된다. 전통적으로 왕이 북쪽에서 남쪽을 바라보게 되어 있다[南面남면]. 그런데 이 화성의 洛南軒낙남헌에 왕이 앉으면 北面북면하게 되어 있다. 정조는 백성들이 왕을 만나러 오는 것을 아무 거리낌 없이 할 수 있도록 한다는 뜻으로 낙남헌 앞에 담이 아닌 홍살판을 쳐 놓고 행사가 있을 때에는 그 판을 치우고 넓게 활용될 수 있게 해놓았다. 백성들이 와서 왕 앞에 섰을 때 백성들이 南面남면하게 되어 있었던 것. 中陽門중앙문의 왼쪽[左좌]이라는 것은 이 화성 행궁에서 南面남면하고 있는 백성들의 위치에서 보았을 때에 그러한 것이다. 백성들은 南面남면하고 왕은 北面북면하면서 만나고 있다. 그리고 백성들과 왕들의 사이 그 한 가운데[中] 있는 태양[陽]이 있다. 백성들이 左右좌우에서, 그리고 왕이 左右좌우에서 돕거나[翊익] 들어 올리고 있다[奉봉]. 왕이 태양이 아니고 백성도 태양이 아니고 왕과 백성이 함께 들어 올리고 돕고 있는 절대적인 가치로서의 태양[陽]과 같은 것이 있음을 상징적으로 보여주는 것이 바로 이 中陽門중양문이다. 태양[陽]은 하늘[天]이기도 하다. 이 화성에 天理천리를 따르는 곳, 백성과 왕이 서로 좌우의 손을 마주 잡고 天理를 따르면서 사는 곳을 세우고자 한 것이 아니었을까. 華화 땅을 찾아 갔던 堯요임금의 고사에서 華城이라는 명칭이 유래했다는데, 그 고사에서 華화 땅은 바로 성리학이나 세상의 어떤 다른 理리를 따르는 君子군자 정도의 사람이 아니라 天理천리를 따르는 聖人 성인들이 사는 곳. 그 성인은 왕을 가리키는 것도 아니고 백성을 가리키는 것도 아닌 그저 사람을 가리키는 것이다. 정조는 그러한 이상향을 이곳에 세우고자 했던 것일까. 화성 행궁의 정당인 奉壽堂봉수당이라는 이름에서 볼 수 있듯이 이 화성이라는 이상향에서 높이고 있는[奉] 것은 다름 아닌 생명[壽]이라는 것은 의미심장하기도 하지만 일견 당연한 이름처럼 생각되기도 하는 것이다.

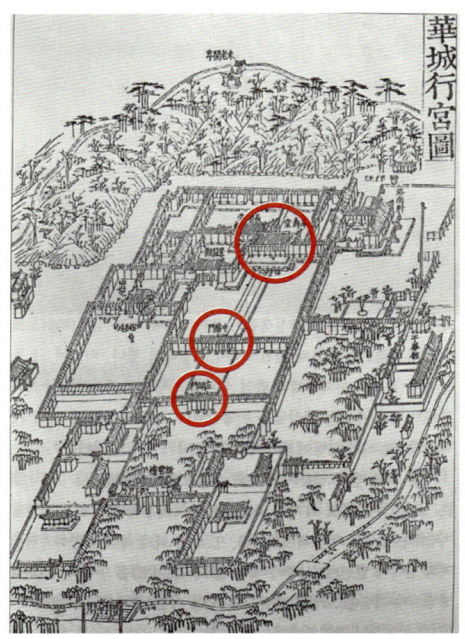

*위로부터
 봉수당 - 중앙문 - 좌익문

*중양문

*좌익문, 좌익문 안쪽에 중양문, 중양문 안쪽에 봉수당

6. 奉壽堂봉수당

　이 세상에서 오래 살기를 바라는 것이 奉壽봉수이고, 새로운 이상향 華城의 왕궁의 중심인 正殿정전의 이름이 오래 살기를 바란다는 것에 그친다면 미진하다는 느낌을 지울 수가 없다. 奉壽봉수란 장수를 받든다는 것이라기보다는 목숨[壽수]을 받든다[奉봉]는 뜻으로 볼 수 있다. 목숨을 받든다는 것은 목숨을 최고의 가치로 여긴다는 뜻. 목숨이란 곧 생명을 뜻하는 것. 생명을 받들어 올린다는 것. 華城화성에서는 생명을 받들고 존중하는 것을 최고의 가치로 여기고 있음을 선언하고 있는 것이다. 이상적인 도성인 화성의 核핵인 행궁, 그 행궁의 핵인 正殿정전 奉壽堂봉수당에서부터 생명의 기운이 퍼져나가고 있음을 볼 수 있다. 정조가 자기 어머니 혜경궁 홍씨의 장수를 기원하는 의미로 奉壽堂봉수당이라고 칭했다고 할지라도, 그것은 표면적인 이유인 것이고, 심층적인 의미에서 奉壽堂봉수당은 생명 존중 사상을 내포하고 있는 것이다. 생명을 존중하는 것, 그것이 곧 즐거움[樂]을 길이[長] 누리는 것이라는 의미로 奉壽堂봉수당에 잇대어서 長樂堂장락당을 지은 것이다. 그리고 그렇게 될 때에 福복이 안에[內내] 머물러 있을 것이므로 福內堂복내당이 長樂堂장락당에 이어지는 구조를 가지게 된 것이라고 해석할 수 있다. 그리고 이 복은 왕궁 안에 머물러 있지 않고 왕궁 밖의 백성들에게 주어지고 퍼져나가고 있음을 이 행궁은 보여주고 있다. 福복이 끊임없이 퍼져나갈 수 있는 것은 생명이 받들어지고 있기 때문에 가능한 것. 華城화성의 華화를 이룰 수 있는 길은 奉壽봉수, 즉 생명을 존중하는 것이라고 하는 뜻을 볼 수 있다.

華화와 壽수는 글자 모양도 비슷하다.

*봉수당

7. 西將臺서장대 – 中陽門중양문 – 烽墩봉돈

　정조는 서장대(=華城將臺화성장대)에서 화성 전체를 내려다보며 군사훈련을 지휘했다. 서장대가 정조의 자리인 것이다. 정조는 자신을 '萬川明月主人翁만천명월주인옹'이라고 했다. 자신을 달에 비유한 것. 달은 서쪽에서 뜨니 서장대의 정조는 곧 萬川明月主人翁을 가리키는 것. 그리고 서장대에서 화성 행궁의 한 가운데를 관통하는데 화성 행궁의 중심에 中陽門중양문이 있다. 중양문은 태양[陽]을 뜻하는 것. 화성 행궁은 화성의 중심에 있고, 화성 행궁의 중심에 중양문이 있다. 서장대에서 중양문을 거쳐 직선을 그으면 동쪽의 烽墩봉돈에 이르게 된다. 서장대 - 중양문 - 봉돈은 서에서 동으로 횡단선이 되고 그 중심에는 태양이 떠 있고 서쪽에는 달로 상징된 군왕이 있다. 그러면 다섯 개의 봉화구를 가진 봉돈은 다섯 개의 움직이는 별, 즉 五行오행이라고도 하는 火星화성, 水星수성, 木星목성, 金星금성, 土星토성을 상징하는 것이 아닐까. 다섯 개의 봉화구에서 빛나는 다섯 개의 별은 곧 신하들을 상징한다고 볼 수 있다. 화성의 상징적인 중심은 행궁의 중양문이고, 실제에 있어서의 중심은 서장대 - 중양문 - 봉돈으로 그어지는 직선과 화성 행궁 앞에서 교차하는 열십자 모양의 십자가로이다. 이 십자가로에는 백성들이 위치해 있는 것이다. 그래서 이 화성의 실질적인 중심은 백성들임을 보여주고 있다.

　화성은 태양과 같은 절대적이고 이상적인 가치를 내세우고 있는 바, 그것은 단적으로 華화라고 할 수 있고, 그것은 『장자』에서 유래하는 것이다. 이 절대의 가치를 성취하기 위해서 군왕은 달로, 신하는 별로 화성 안의 백성들을 지키고 보호하며 갈 길을 인도하고 있다는 것을 그 배치를 통해서 볼 수 있다. 군왕이나 신하나 백성은 이전의 신분제 사회에서의 그러한 위계에 따라서 구분되는 것이 아니라 직무상으로 구분되고 있는 것으로 보아야 할 것이다. 사람에게 위계는 없으나 각자가 고유하게 하는 일은 다르다는 것.

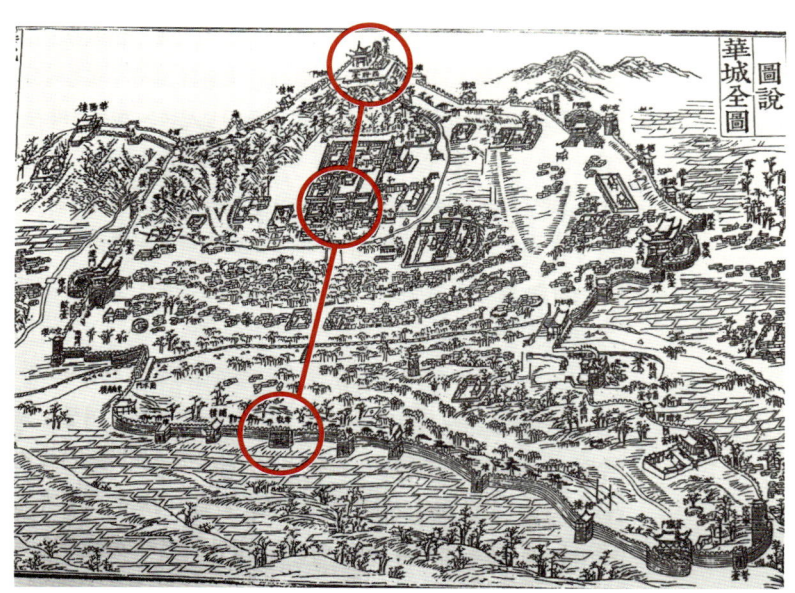

*위에서부터 서장대-중앙문-봉돈

169

8. 新豐樓신풍루 – 長樂堂장락당

    화성 행궁의 정문이 新豐樓신풍루, 행궁의 맨 뒤 건물이 長樂堂장락당이다. 행궁의 앞과 뒤가 新신과 長장, 豊풍과 樂락이 대비를 이루고 있다. 새로운[新신] 풍성함[豊풍]을 이루고자 했고, 그 풍성함을 오래도록[長장] 즐기려[樂락] 하는 원망을 담고 있지 않은가. 豊풍은 곡식을 많이 거두어서 풍성한 상태를 가리킨다. 이는 일을 해서 그 결실을 풍성하게 거두었음을 뜻하는 것. 樂락은 그 수고의 풍성한 결과가 있음으로 가능한 것. 오래도록 즐기기[長樂장락] 위해서는 새로운 풍성한 결실[新豊신풍]이 계속해서 있어야 하는데 바로 그러한 곳이 이 華城화성이라는 것을 화성의 중심인 행궁이 보여주고 있지 않은가.

    화성에 주둔하던 정예군사인 壯勇外營장용외영의 5衛위를 長樂隊장락대라고 지칭했다. 나라가 오래도록 즐거움을 누리기[長樂장락] 위해서는 군사적인 힘의 뒷받침이 반드시 있어야 한다는 뜻을 담고 있는 것.

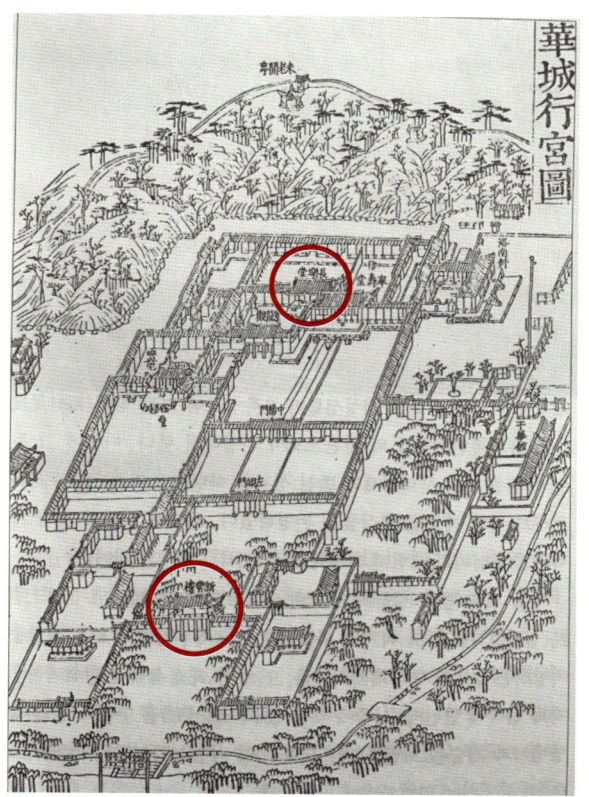

*아래 원 신풍루, 위는 장락당

*신풍루   *장락당

9. 老來堂노래당 - 福內堂복내당

　奉壽堂봉수당을 정면으로 바라보면서 오른쪽에 노래당이 있고 왼쪽으로는 長樂堂장락당이 있다. 목숨을 받들어[奉壽봉수] 길이 즐거움을 누리는[長樂장락] 길은 늙음을 거부하는 것이 아니라 늙음이 오는 것[老來노래]을 받아들이는 일이라는 뜻으로 풀이된다. 그 늙음을 받아들임으로써 福복은 안[內내]에 머물러 있게 된다는 것으로 읽힌다. 늙음이 오는 것을 받아들이지만 늙지 않는다[未老미로]. 인간이 가지고 있는 수명의 한계를 그대로 받아들일 때에 비로소 복은 내 안에 머물러 있어 길이 즐거움을 누리게 될 것이다. 堯요 임금이 華화 땅에 갔을 때 華화 땅을 지키는 이가 요 임금에게 壽수를 축복하자 요 임금은 壽則多辱수즉다욕, 오래 살면 욕된 일이 많아진다고 하면서 거절하고서 華 땅지기에게 성인이 되지 못한 자라고 하는 핀잔을 받고 화 땅에서 쫓겨난다. 여기 華城화성은 이 『莊子장자』에 나오는 요 임금을 넘어선 성인이 사는 곳이 될 것임을 알게 해준다. 요 임금이 잘난 체하면서 말했던 '壽則多辱수즉다욕'이 아니라 '壽則多福수즉다복'이라고 천명하고 있다. 장락당에서 복내당으로 건너가는 문이 多福門다복문과 長福門장복문이다. 壽수가 辱욕이 아니라 福복이 될 수 있는 것은 壽수를 받아들이기 때문이 아니라 늙음[老

로)을 받아들이기 때문에 가능한 일이라는 것. 음미해 볼수록 뜻이 깊어지는 대목이다.

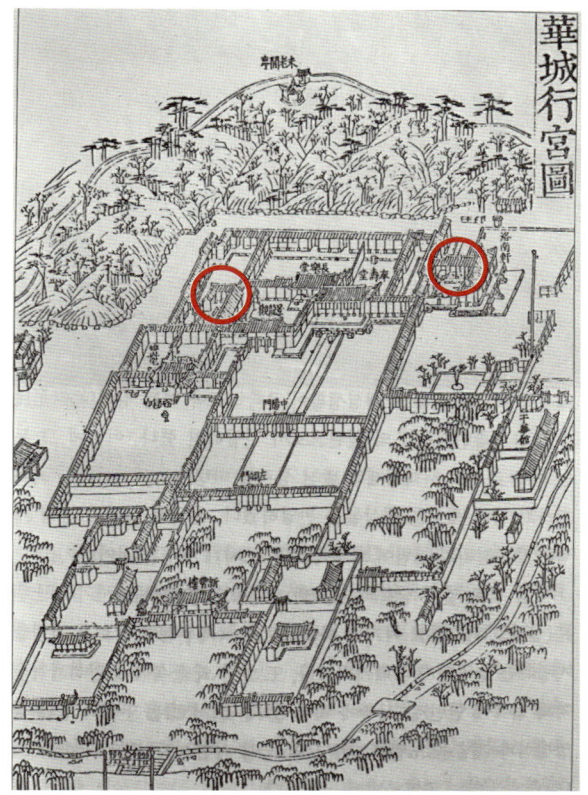
*왼쪽 원 복내당, 오른쪽은 노래당

*노래당   *복내당

10. 維與宅유여택

　福內堂복내당 동쪽 행각 밖에 維與宅유여택이 있다. 복을 안에만 가지고 있는 것이 아니라, 그 안에 있는 복을 묶어서[維유] 주고 있다[與여]. 福內堂복내당에서 維與宅유여택으로 오려면 維福門유복문을 지나게 되어 있다. 福內堂복내당 → 維福門유복문 → 維與宅유여택으로 이어지면서 안에 있는 복은 묶여서 주어지게 되는 것이다. 『莊子장자』에서 요 임금이 '부유하게 되면 일이 많아진다(富則多事부즉다사)'고 부를 사양하자 화 땅지기는 '부유하면 다른 사람에게 〈재물을〉 나누어 주면 될 것(富而使人分之부이사인분지)'이라고 했는데 그 말을 실천이라도 하듯이 화성의 행궁에서 정조는 복을 나누어주고 있다. 여기가 진정 그 華화 땅임을 선언하고 있다.

　유여택 앞뜰 동북쪽에는 維與門유여문이 있어 中陽門중양문 앞쪽의 공간으로 나가게 되어 있다. 안에서부터 묶여서 주어진 복은 中陽門중양문에 이르러 마치 태양[陽양]의 햇살이 분수처럼 퍼지면서 사방팔방으로 퍼져나가는 모양인 것이다. 이 복은 또한 중양문 앞 공간에서 左翊門좌익문을 통해서 행궁의 정문인 新豊樓신풍루에 이르고 백성들에게 주어지게 되는 것이다. 이는 『書經서경』「周書주서」洪範홍범 편에 이른 바를 그대로 실천하고자 하는 뜻이 담겨 있음을 알게 해준다.

> 황극은 임금이 극을 세움이니, 이 五福오복을 거두어서 여러 백성들에게 복을 펴서 주면 이 여러 백성들이 너의 극에 대하여 너에게 극을 보존함을 줄 것이다.
> 皇極 皇建其有極 斂是五福 用敷錫厥庶民 惟時厥庶民 于 汝極 錫汝保極[56]

維與宅유여택의 이전 이름은 隱若軒은약헌이었다. '숨어있는 [隱은] 듯한[若약] 집[軒헌]'에서 '묶어서 나누어주는 집'으로 바뀐 것이다. 복이란 안에 가지고만 있으면 의미가 없고 거두어 묶어서 나누어주어야 모두에게 의미가 있는 것이라는 뜻을 담고 있는 것이 아닌가.

유여택을 바라볼 때 왼쪽으로 붙어서 복내당에서 유여택으로 통하는 작은 문이 있는데 單扇단선으로 만들어진 홍살문이다. 홍살문은 행궁 앞에 세워져 있는 것으로, 어떤 신성한 공간으로 들어가는 것을 표시하고 있는 문인데, 복내당에서 유복문을 거쳐서 유여택 앞뜰로 올 때에 이 홍살문으로 들어오게 되어 있다. 복내당의 복이 유복문을 거치고 나면 嘉魚門가어문이 있는 공간을 지나고 이 홍살문을 지나서 유여택으로 나오는 구조로 되어 있다. 嘉魚門가어문이 거기에 있는 것은, 물고기[魚어]는 신하들을 뜻하는 바 이 화성에 고인 복이 밖으로 나가는데 신하들이 보살펴서 다른 곳으로 가지 않도록 지키는 것을 뜻하는 것이다. 가어문이 있는 곳을 지나서 홍살문을 지나면서 이 복이 정화되어

---

56) 성백효 역주 『서경집전』 상 (전통문화연구회, 1998) p61

불순한 것이 없는 순수하고 거룩한 복으로 화하여 백성들에게 주어지게 될 것을 뜻하는 것으로 볼 수 있다.

*유여택, 건물 왼쪽에 작은 홍살문이 보인다.

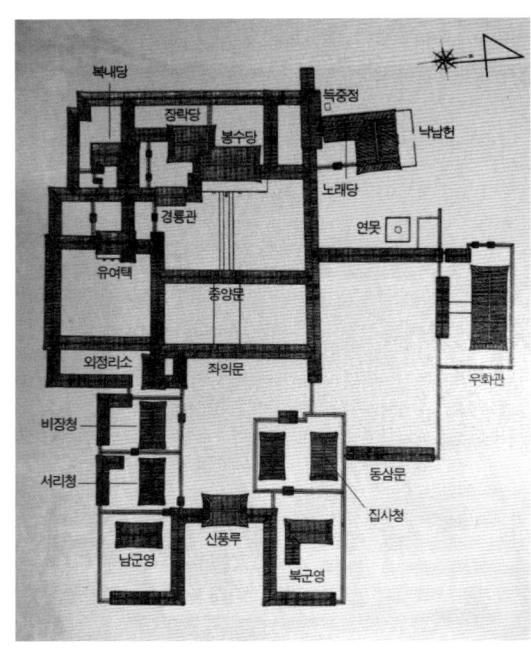

*화성행궁의 지붕 평면 배치도 (김동욱 『실학정신으로 세운 조선의 신도시 수원 화성』(돌베개, 2002), 163쪽 참조 - 이하에도 이 책에서 인용함

11. 拱宸樓공신루

維與宅유여택에 속한 누각이 拱宸樓공신루이다. 維與宅유여택의 宅택은 그 발음이 연못을 뜻하는 澤택과 같다. 유여택의 북쪽 맞은편에는 아직 복원되지 않은 得中正池득중정지가 있었다. 득중정지는 1789년에 조성된 작은 연못인데 그 가운데에 작은 섬을 두었던 것으로 되어 있다. 維與宅유여택의 宅택 속에 숨어 있는 澤택과 得中正池득중정지의 池지는 통하고 있다. 得中正池득중정지의 작은 섬에 나무가 솟아 있는 것처럼 維與宅유여택에도 공신루라는 樓루가 솟아 있어 균형을 맞추고 있다. 연못의 물과 같이 고인 福복을 묶어[維유] 나누어주는데[與여] 하늘[宸신]을 두 손으로 받쳐 드는 것[拱공]처럼 할 때에 중심을 맞추어[得中득중] 빗나가지 않고 의도를 이루게 될 것이다. 정조는 물을 임금에, 물고기를 신하에 비유했는데 물고기가 물을 떠나 살 수 없듯 신하도 임금을 떠나 살 수 없다고 했다. 福內堂복내당에서 維與宅유여택으로 오려고 維福門유복문을 나서면 오른쪽으로 嘉魚門가어문이 있다. 물고기가 살려면 연못[澤]이 있어야 하지 않을까. 아름다운 물고기[嘉魚가어]가 있어 북쪽 得中正池득중정지와 維與宅유여택이 은밀히 통하고 있음을 보여주고 있다.

화성 행궁에서 樓루자가 들어간 건축물은 정문에 해당하는 新

豐樓신풍루와 여기 拱宸樓공신루 밖에 없어 자연히 공신루는 신풍루와 연결된다. 복을 나누어주는 일이 신풍루로 향해야 함을 뜻하는 것으로 볼 수 있다. 복은 안에서 생겨나고[福內복내] 그 생겨난 복은 안에 머물러 있으면 안 되고 밖의 백성들에게로 향해야 함을 뜻하는 것. 이렇게 해서 복은 궁 안에서 밖으로 나가고 중앙문에서 분수처럼 사방으로 퍼져나가고 다시 궁 안으로 들어오고 다시 나가는 일을 반복하게 된다.

*가운데가 유여택, 유여택 오른쪽이 공신루

12. 景龍館경룡관 - 至樂門지락문

행궁에서 2층에 누각이 있고 아래에 문이 있는 건물은 이 景龍館경룡관과 행궁의 정문인 新豊樓신풍루가 있다. 신풍루는 그 위치가 화성 행궁의 정문이므로 문과 누각이 있어도 당연한 것처럼 보이지만 경룡관은 그러한 위치가 아닌데 정문과 같은 모양을 하고 있어서 주목해 보게 된다. 景龍경룡은 큰 용이라는 뜻으로 임금을 가리킨다. 임금이 머무른다고 하는 곳이 2층 누각에 있고 그 아래로 들어가는데 문 이름이 至樂門지락문이다. 지락문을 들어가면 장락당長樂堂이 나온다. 즐거움[樂]에 이르는 [至] 문이라는 뜻. 景경은 원래 햇볕을 뜻하는 말이다. 景龍경룡은 '햇볕을 비추는 용'이라는 뜻도 가지고 있는 것. 임금이되 햇볕을 비추는 임금이 되어서 즐거움에 이르는 통로로서의 역할을 하고 있다. 경룡관을 전면에서 보면 가운데 통로에는 至樂門이고 좌우에는 닫힌 문이 있는데, 닫힌 좌우의 문 뒤에는 계단이 있어서 2층 누각으로 올라가게 되어 있다. 이런 모양을 보면, 임금이 저 좌우의 계단을 통해서 2층으로 올라가지는 않았을 것으로 보인다. 계단이 너무 좁고 2층으로 들어가는 출입구도 사람이 간신히 들어갈 정도의 크기이기 때문이다. 복원된 경룡관의 계단을 올라가서 2층의 누각 안을 몰래 들여다보니 답답해 보였다.

이 경룡관이 임금이 실제로 거처하거나 쉬는 곳이라고 할 수 없고, 상징적인 의미로 임금이 쉬는 곳이라는 뜻이 있는 건물로 볼 수 있다. 즐거움에 이르는데 있어서 임금이 지켜주는데 햇볕과 같이 따스한 기운을 내려주겠다는 의지가 담긴 건물로 볼 수 있다.

이 경룡관이 지닌 의미를 좀 더 천착해 볼 수 있다. 정조는 즉위하던 해에 아버지 사도세자의 사당인 垂恩廟수은묘를 景慕宮경모궁으로 고쳐 부른다. 화성의 景龍館경룡관은 景慕宮경모궁의 사도세자의 신위를 모셔 온 것으로 보인다. 말하자면, 임금이 실제로 거처하는 곳이 아니라 그 신위를 모신 곳으로 생각했던 것으로 볼 수 있다는 것이다. 경룡관의 문이 셋으로 되어 있는데, 이는 경모궁의 內三門내삼문의 구조를 연상케 한다. 행궁 옆에 정조 사후에 순조가 건립한 정조의 어진을 모신 影殿영전인 華寧殿화령전의 내삼문, 그리고 그 문지방에 있는 태극 받침목과 같은 모습이라는 것을 알 수 있다. 景龍館경룡관의 景경은 '크다'는 뜻도 가지고 있으므로 景龍경룡이란 '큰 용'이라고 할 수 있고, 이는 사도세자를 뜻하는 것으로 볼 수 있는 것이다.

경룡관과 같은 형식의 전각은 행궁의 정문인 신풍루이다. 신풍루는 행궁의 정문이고 이 경룡관은 또 하나의 정문이 아닐까 하는 생각이 든다. 이 전각과 같은 형식의 전각은 정조가 사도세자의 명복을 빌기 위해 세운 용주사에 있는 天保樓천보루이다. 천보루를 지나서 대웅보전에 이르게 되어 있는데 대웅보전의 탱화에 사도세자가 그려져 있는 것으로 보기도 한다.[57] 이렇게 보면 경룡관에는 사도세자의 사당인 경모궁과 사도세자의 명복을 비

---

57) 이재원 『조선의 아트 저널리스트 김홍도』 (살림, 2016) pp263-265

는 용주사의 의미가 모두 담겨 있는 것으로 볼 수 있다.

용주사의 천보루는 전면에는 '天保樓천보루'라는 현판이 걸려 있고 후면에는 '弘濟樓홍제루'라는 현판이 걸려 있다. 弘濟홍제의 弘홍은 정조의 호인 弘齋홍재 혹은 弘于一人齋홍우일인재의 弘자가 들어가 있어서 '정조[弘]가 구제한다[濟]'는 뜻을 암시하고 있는 듯하다. 하늘이 보호하고[天保] 임금이 구제하고 있으니 사도세자는 지락을 누리며 극락왕생할 것이 틀림없어 보인다는 것이다.

문 이름이 至樂門지락문인 것도 사도세자가 지극한 즐거움에 들어가기[至樂]를, 혹은 極樂극락에 이르기[至樂지락]를 바라는 뜻이 담겨 있다고 볼 수 있는 것이다. 이 지락문 오른쪽에는 정조의 어머니 혜경궁의 장수를 기원하는 뜻을 담은 봉수당이 있어서 경모궁의 사도세자를 모셔 와서 혜경궁과 함께 있도록 하려는 배려가 담긴 것이 아닐까 생각된다.

華城화성의 이름이 유래한 『장자』에 「至樂지락」편이 있는데, 이 지락문 아래로 지나면서 그 첫 구절을 읊조려보면 자신의 아버지 사도세자의 심정을 헤아려보는 정조의 심정이 이해가 갈 듯도 하다. 정조가 읊었을 한문을 토를 달아 먼저 적어본다.

天下천하에 有至樂유지락가 無有哉무유재아

有可以活身者유가이활신자아 無有哉무유재아

今금에 奚爲奚據혜위혜거며 奚避奚處혜피혜처며

奚就奚去혜취혜거며 奚樂奚惡혜요혜오오.

천하에 지극한 즐거움이 있는가 없는가. 내 몸을 편안히 살게 할 수 있는 방법이 있는가 없는가. 이제 무엇을 하고 무엇을 그만두고, 무엇을 피하고 무엇에 머물며, 무엇에 나아가고 무엇을 떠나고, 무엇을 좋아하고 무엇을 싫어해야 하는가.

장자는 「至樂지락」편에서 無爲무위를 통해서 지락에 이르게 됨을 갈파하고 있는데, 그 무위는 진정한 삶의 의미를 획득하는 길이고, 그 무위에 이르는 방법이 바로 得其環中득기환중, 줄여서 得中득중인데, 이 경룡관의 북쪽에 득중정이 있어서 至樂지락과 得中득중이 호응하면서 참된 도에 이르게 됨을 보여주고 있다 할 것이다.

*경룡관 아래 문이 지락문
 지락문 안쪽에 장락당

*경룡관 전면

*경룡관 후면

*왼쪽은 경룡관 문지방 삼태극 받침목, 오른쪽은 화령전 내삼문 문지방

*용주사 천보루 전면

*천보루의 후면인 홍제루

13. 於千門어천문 - 三壽門삼수문

　　千천년에 걸쳐[於] 三壽삼수를 누린다는 뜻인데, 三壽삼수란 나이에 따라 세 가지로 구분한 長壽장수를 이르는 말로 100세의 上壽상수, 80세의 中壽중수, 60세의 下壽하수를 이른다. 100세를 기준으로 이렇게 三壽삼수를 나누었는데, 천년을 기준으로 한 三壽삼수가 있다면 1,000세에 상수, 800세에 중수, 600세에 하수가 된다. 華城화성이라는 이름이 유래한 고사가 실려 있는『장자』에 보면, 堯요 임금이 화 땅에 갔을 때에 화 땅의 국경지기는 요 임금에게 세 가지 복을 빌어 주는데, 그 중에 하나로 壽수를 빌어주자[祝壽축수] 요 임금은 '장수하면 욕될 일이 많아진다'(壽則多辱수즉다욕)고 하면서 壽수를 사양한다. 그러자 화 땅의 국경지기는 요임금을 성인이라고 생각했는데 군자 정도 밖에 안 된다고 하면서 대저 성인이란 '천 년을 살다가 세상이 싫어지면 속세를 떠나 선경으로 올라갑니다'(千歲厭世 去而上僊 乘彼白雲 至于帝鄕)라고 말한다. 여기 화성의 행궁에 천년에 걸쳐서 三壽삼수를 누리겠다는 뜻의 문을 세운 것은 그때 요 임금이 사양한 화 땅의 국경지기의 祝壽축수를 받아들이고 천년을 살겠다고 하는 뜻이 담긴 것으로 볼 수 있다. 於千門어천문과 三壽門삼수문은 하나의 문인데 봉수당 쪽으로 면한 것은 於千門어천문, 득중정 뒤쪽으로 면한 것은 三壽門삼수문이라고 했다. 한 문의 앞 뒤의 이름이 각각 다른 것이다. 於千어천과 三壽삼수를 반드시 붙여서 해석하라는 뜻이 담겨 있는 것이 아닌가. 이 於千門어천문과 三壽門삼수문을 지나면 得閒門득한문으로 나가게 되어 있고 藏春閣장춘각과 마주하게 되고 길을 따라 올라가게 되면 未老閒亭미로한정을 만나게 된다. 천년에 걸쳐[於千어천] 三壽삼수를 누리고 한가로움을 얻으면[得閒득한] 영원한 젊음을 간직[藏春장춘]하고 아니 늙는[未老미로] 성인의 경지로 나아가고자 하는 것. 화 땅의 국경지기가 축수했던 것을 받아들이고 성인으로서 이 華城에서 살겠다고 하는 뜻이 담겨 있는 것. 여기가 바로 진정한 華 땅임을 다시 한 번 선포하고 있다.

*어천문   *삼수문

14. 賓曦門빈희문

　賓빈은 손님으로 대우한다는 뜻이고, 曦희는 햇빛이라는 뜻이다. 행궁 안쪽에서 빈희문을 통해서 바깥쪽으로 나오면 外整理所외정리소와 그 뜰이 있다. 외정리소는 역대 임금이 화성에 행차할 때 화성 행궁에서의 행사 준비를 담당하는 관청이다.[58] 외정리소로 들어오는 문이 外整理衙門외정리아문이다. 화성 안에 있는 복[福內복내]을 묶어서[維福유복] 주는데[與여] 복내당에서 유여택을 지나서 유여문으로 나가서 중앙문에서 해처럼 높이 솟아 사방팔방으로 복이 퍼져나가는 모습을 그리게 되어 있다. 이렇게 흘러나오는 복이 주어지는 유여문 옆에 빈희문이 있어 중앙문 쪽이 아니라 외정리아문 쪽으로 나오는 형국이다. 賓曦빈희, 햇빛을 손님으로 대우한다는 뜻이니, 유여문 쪽으로 복이 나가는데 빈희문 쪽으로 그 복이 손님처럼 주어지는 모습을 상상하게 된다. 빈희문을 나서면 외정리아문, 계속 밖으로 내려오면서 裨將廳비장청, 書吏廳서리청, 南軍營남군영으로 이어지면서 화성의 실무를 담당하는 이들이 집무하는 곳들이 자리잡고 있다. 실무 담당자들이 있는 집들의 시작이 빈희문이라는 것이다.

---

58) 수원시 『수원 화성 행궁』 (수원시, 2003) p101

거의 모든 햇빛은 백성들에게 주어지고, 손님처럼 조금의 햇빛이 이 실무 담당자들이 있는 곳으로 들어오고 있다. 햇빛은 임금을 뜻하는 것이라고 할 수 있는 바, 임금의 은혜는 거의 모든 부분이 백성에게 주어지고 실무를 맡은 이들에게도 주어져서 이들을 격려하고 있음을 뜻하는 것. 중심은 주인인 백성에게 있고, 실무를 맡은 신하와 관리들은 손님과 같은 존재들이라는 뜻을 또한 담고 있는 것.

*빈희문

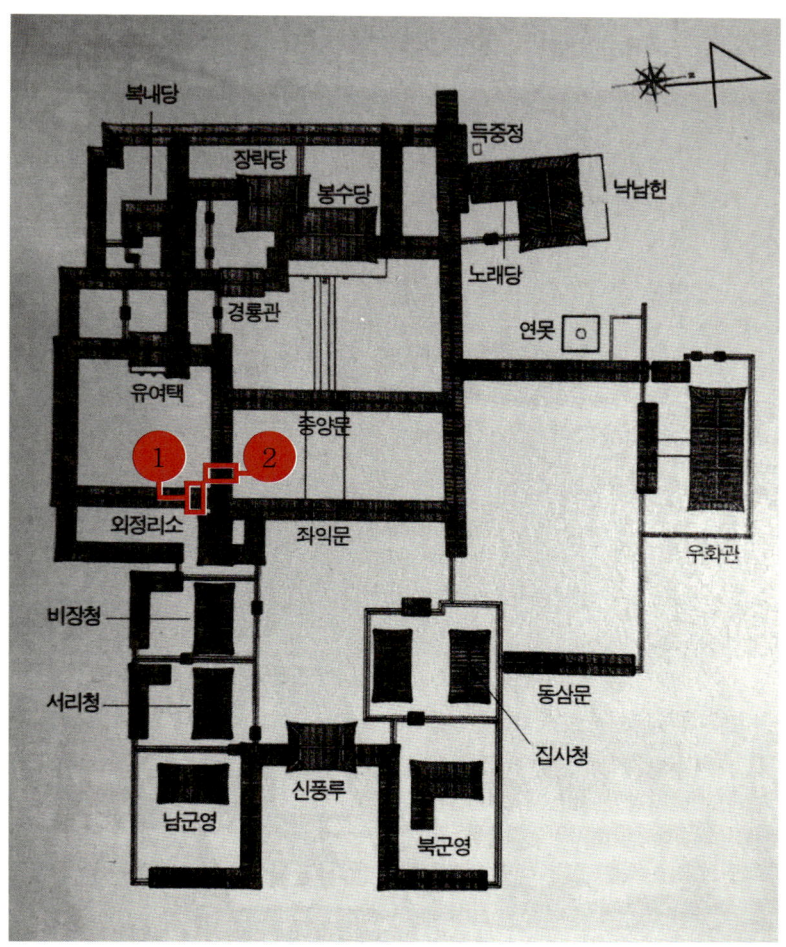

*1-빈희문, 2-유여문

15. 于華館우화관

『장자』「천지」편에 따르면, 堯요 임금이 華화 땅에 간 것은 여행을 하기 위해서였다[堯觀乎華]. 화 땅의 국경지기가 세 가지를 축복해 주었으나 사양하자 그 국경지기에게 성인이 못 되는 군자 정도의 인물이라는 핀잔을 듣고 화 땅에서 쫓겨난다. 화 땅의 국경지기는 성인이란 '천년을 살다가 세상이 싫어지면 속세를 떠나 선경으로 올라갑니다'(千歲厭世 去而上僊 乘彼白雲 至于帝鄕)라고 말하는데 '至于帝鄕지우제향'에서 于자는 '~으로'의 뜻으로 사용되고 있다. '帝鄕제향'이란 '天帝천제가 있는 이상향'을 가리키는 말이다. 정조에게 있어서 이 화성은 帝鄕제향과 같은 곳이었다. 于華우화에서 華화는 帝鄕제향을 가리키는 것으로 보인다. 于華우화는 '화성으로' 혹은 '화성을 향하여'(간다)는 뜻인데, 화성을 향해서 가는 것은 곧 천제가 있는 이상향을 향해서 간다는 뜻과 다름이 없는 것이다. 우화관은 화성 행궁에서 가장 북쪽에 위치한 건물이다. 행궁의 건물들 가운데 화성의 정문인 장안문에서 가장 가까운 곳에 위치해 있다. 물론 행궁의 정문은 신풍루이고 그곳을 통해서 들어오게 되어 있다. 화성의 정문인 장안문에서 직선거리가 가장 가까운 건물의 이름을 于華館우화관이라고 명명한 것은 '화성에 왔음' '이상향에 왔음'을 도드라지게 명시하고자 하는 뜻이 담겨 있는 것이 아닐까. 관광[觀光]하기 위해서 온 것이 아니라 이상향에서 천수를 누리기 위해서 온 것을 드러내 보여주고자 하는 이름이 아닐까. 于華館우화관의 于는 정조의 호가 유래한 日月光華 弘于一人일월광화 홍우일인(해와 달의 광채가 한 사람에 의하여 널리 퍼진다)에서 온 것이 아닌가 하는 생각도 든다. 그렇게 본다면 정조가 화성에 와서 해와 달의 광채가 비추듯이 이 화성을 비추겠다는 뜻이 담겨 있는 것으로 볼 수 있다.

<blockquote>
정조의 호 가운데 '弘于一人齋홍우일인재'가 있다. 정조 24년(1800) 정조는 자기의 문집을 간행했고, 그 이름을 『弘于一人齋全書홍우일인재전서』(지금의 『弘齋全書홍재전서』는 순조 때 간행한 것임)라 하였다. '홍우일인'이란 『尙書大傳상서대전』「虞夏傳우하전」의 "해와 달의 광채가 한 사람에 의하여 널리 퍼진다(日月光華 弘于一人)"는 말에서 따온 것이다.[59]
</blockquote>

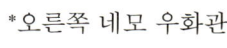

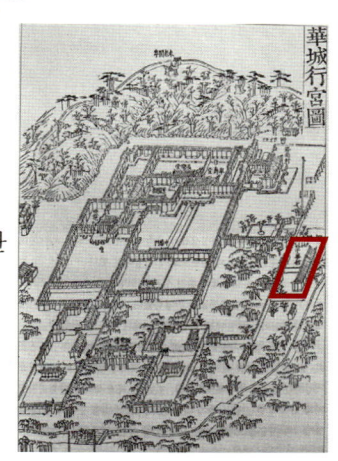

---

59) 남현희 옮김 『일득록』 '옮긴이 서문' (문자향, 2008) p8

16. 起層軒기층헌

악은 聲調성조에서 이루어지고 성조는 旋宮선궁에 근원한다. 聲성은 5성 2변의 7音음이며, 調조는 7음을 조화롭게 하여 서로 쓰임이 되게 하는 것이다. 그러나 선궁에는 또한 管絃관현의 구별이 있다. 대개 管音관음의 선궁은 12율려가 모두 궁이 될 수 있어서, 1均균의 主주를 세워 각각 7聲성을 거느리므로, 12율려가 모두 5성 2변이 될 수 있다. 聲성은 스스로 聲성이 되고, 調조는 스스로 調조가 되는데, 調조에는 主調주조, 起調기조, 轉調전조의 다름이 있다. 그러므로 조를 바꾸어서[轉調] 旋宮선궁에 합치하는 것을 宮調궁조라 한다. 5성 2변이 청탁 2균의 14성에 돌아 98聲성을 이루는데, 이것이 궁조의 전체 음[全音]이다.

主調주조와 起調기조는 모두 宮位궁위로 주장을 삼으나, 궁은 스스로 궁이 되고, 조는 스스로 조가 된다. 만일 宮聲궁성이 1均균의 主주를 세우면 下羽聲하우성이 궁보다 커서 1調조의 처음이 되니, 곧 『國語국어』의 "궁이 羽音우음을 쫓는다."는 것이다. 羽聲우성이 調조를 주장하고, 궁성이 宮位궁위를 세워서, 1균 7성의 位위가 이미 정해지면 2변에 해당하는 것은 조를 일으키지 않고 [不起調], 조조의 첫 음과 합치하지 않는 것도 조를 일으킬 수 없다. 대개 羽聲우성으로 조를 일으키면 徵치가 앞에 있고, 變宮변궁이 그 뒤에 있어 두 음이 羽우와 서로 가까워, 소리를 내는 것이 어지러이 뒤섞이므로 서로 합치하지 않고, 변치가 제6음이 되어 또한 羽聲우성인 첫 음과 어지러이 뒤섞이므로 합치하지 않는다. 이것이 2변의 位위에 해당하는 것과 5正聲정성 중 徵位치위에 해당하는 것이 모두 조를 일으키지 않는 이유이다.[60]

起層軒기층헌은 궁중에서 사용되는 악기를 보관하는 곳이다. 정조는 세종에 버금가는 음악 전문가로 알려져 있다. 정조 자신이 지은 음악론인 「樂通악통」이라는 글에 보면 起調기조라는 용어가 나온다. 起調기조에서 起기는 '일으킨다'는 뜻이다. 主調주조 - 起調기조 - 轉調전조가 있다고 한다. 기조는 주조와 전조 사이에 있다. 起기라는 것은 본래의 주된[主주] 모습에서 변화되어 뒤바뀐[轉전] 모습으로 가는 길목에 있다. 본래의 주된 모습 그대로 있는 것도 아니고 변화되어 뒤바뀐 모습으로 있는 것도 아니다. 이를테면 구태의연한 상태도 아니고 마구 뒤바뀌는 상태도 아닌 가장 이상적인 상태라고 할 수 있다.

層층은 거듭 포개져 있는 상태를 가리킨다. 층을 일으킨다[起層기층]는 것은 여러 겹이나 층으로 된 것을 일으킨다는 뜻. 음악을 통해서 중첩된 것들을 일으켜 세우고자 하는 뜻이 담겨 있는 것.

---

60) 『홍재전서』제 61권 雜著잡저 8 「樂通악통」

음악이 여러 소리들이 어우러지는 것처럼 중첩된 여러 가지 것들을 일으켜 세워서 조화를 이루는 곳이 이 華城화성이라는 뜻이 담겨 있다.

　기층헌이 자리잡고 있는 곳을 보면 외정리소의 오른쪽에 기층헌으로 들어가는 통로가 있는데 기층헌에 출입하는 통로는 이곳이 유일하다. 기층헌은 외정리소 뒤편에 있고 기층헌의 왼쪽 벽은 문이 없이 막혀 있고 기층헌 담장 뒤편은 좌익문 앞마당이다. 기층헌은 숨겨져 있다고 볼 수 있다. 정조는 '예는 외부로부터 만들어지고 악은 마음에서 나온다'[禮自外作 樂由中出]고 말하는데[61] 이는 『樂記악기』 「樂論악론」에 나오는 말이다. 음악을 연주하는 악기를 보관하는 기층헌이 행궁의 가운데[中중] 숨겨진 곳에 위치하고 있다는 것은 '악은 마음에서 나온다'[樂由中出악유중출]는 말을 염두에 둔 배치라고 할 수 있다. 또한 이처럼 숨겨진 곳에 위치해 있는 것은, 樂악은 드러나지 않아도 그 소리가 담장을 넘어서 능히 퍼져나갈 수 있음을 뜻하는 것으로 볼 수 있다.

　아래 『홍재전서』에 전해지는 바와 같이 정조는 악기를 보지 않고도 음악을 듣는 가운데 잘못된 부분을 알아낼 수 있을 정도로 정확한 음감의 소유자였다는 사실도 기층헌의 위치와 관련이 있을 것으로 능히 짐작할 수 있다.

> 몸소 사직단에서 제례를 올릴 때, 版位판위에 나아가 서자 軒架樂헌가악이 연주되었는데, 가까이에 있는 신하를 돌아보며 이르기를, "庭樂정악 연주에서 음악의 제 二成이성이 고르지 못하구나" 하면서 近臣근신을 재촉

---

61) 『홍재전서』 제 51권 「策文책문」4

하여 빨리 가서 묻도록 하였다. 典樂전악이 대답하기를, "제 2成에서 堂下당하의 왼쪽에 있는 特磬특경이 두 번 쳐야 할 것을 빠뜨렸습니다" 하였다.[62]

*기층헌. 오른쪽은 외정리소 뒤편, 왼쪽 담장 밖이 좌익문 앞마당

---

62) 『홍재전서』제 175권 「日得錄일득록」15, 송지원 『정조의 음악정책』(태학사, 2007) p31에서 재인용

17. 九如門구여문 - 建章門건장문

정조가 자신의 호를 萬川明月主人翁만천명월주인옹이라고 하면서 自序자서를 지었는데 그 중에 이런 말이 있다.

> 九州구주 萬國만국이 한 王왕의 통솔 하에 있고, 천 갈래 만 갈래 물길이 한 바다로 흐르듯이 千紫萬紅천자만홍이 하나의 태극으로 합치되는 것이다.
> 九州萬國 統於一王 千流百派 歸於一海 千紫萬紅 合於一太極[63]

九如門구여문의 九如구여는 구주 만국이 하나와 같다는 뜻의 九州如一구주여일의 줄임말이 아닐까. 九如門구여문은 福內堂복내당으로 들어가는 문이다. 구주 만국이 하나의 태극으로 합치되면 복이 안에 있게 된다는 것. 일단 福복이 안에[內내] 있어야 그 福복이 묶여져서[維유] 백성들에게 주어질 수 있는 것이다.

九如門구여문과 북쪽 맞은편에 있는 문이 建章門건장문이다. 문장[章장]을 세운다[建건]는 뜻인데, 문장을 세우는 일은 九州如一구주여일하여 복이 안에 모여 있는 상태에서 가장 잘 이루어

---

[63] 『홍재전서』 제 10권 序引서인 3 「萬川明月主人翁自序만천명월주인옹자서」

질 수 있는 일. 章장은 文章문장이고 문장은 九州구주가 如一할 때에 꾸밈없는 순정한 문장이 이루어질 수 있다는 것이다.

*구여문   *건장문

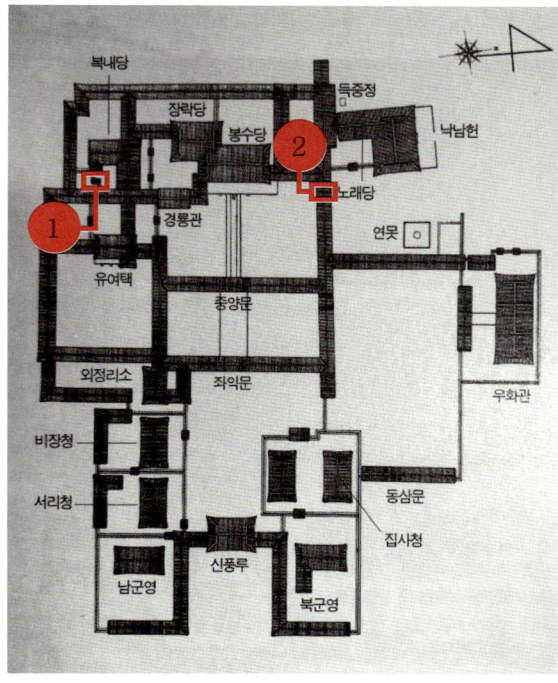

*1-구여문
 2-건장문

18. 向春門향춘문 - 延暉門연휘문

　維與宅유여택과 그 옆에 이어진 拱宸樓공신루 건물이 있고 福內堂복내당에서 유여택으로 들어오는 문은 유여택 바로 곁에 붙어 있는 홍살문이다. 복내당에서 유복문을 거쳐서 유여택으로 나오는 복은 가어문이 있는 공간을 지나서 홍살문으로 나오는 구조로 되어 있다. 홍살문으로는 복이 나와서 백성들에게로 향하고 있고 유여택을 향해서 볼 때 좌우에는 들어가는 문이 있는데 向春門향춘문과 延暉門연휘문이다. 향춘문 안으로 들어가면 우측에 嘉魚門가어문이 있다. 복내당에서 나온 복이 유여택 곁에 붙은 홍살문으로 나와서 유여문을 통해서 화성 전체로, 백성들에게로 퍼져나가는데 이 복은 다시 봄[春춘]을 向향해 간다. 봄을 향해 간다[向春향춘]는 것은 만물이 소생하는 것과 같이 福복이 다시 새로워지고 순환한다는 뜻을 보여주고 있다. 그래서 이 복이 봄에 만물이 소생하는 것처럼 다시 새로워지고 다시 가어문을 지나서 유여택으로 가는 구조를 볼 수 있다. 향춘문으로 들어온 복은 신하들을 뜻하는 가어문을 통해서 다시 소생된 복으로 다시 유여택으로 들어가게 되는 것이다. 이는 신하들이 중간에서 자기의 이익을 구하고 백성들에게 돌아갈 것을 가로채는 것이 아니라 오히려 나라와 백성들을 위한 복을 새롭게 하고 더욱 크게 하는 역할을 해야 함을 보여주는 것이다.

유여택을 향해서 볼 때 오른쪽에 있는 延暉門연휘문 안으로 들어가면 오른쪽에 慶善門경선문이 있어서 奉壽堂봉수당 앞뜰로 나가게 되어 있다. 延暉연휘는 빛을 끌어들인다는 뜻이니 유여택으로 흘러나온 복을 유여문을 통해서 나가기도 하고 이 복은 빛으로 화하여 다시 안쪽으로 이끌어 들여져서 경선문을 통해 봉수당 앞으로 나가 빛을 비추게 되는 것이다. 慶경은 경사를 뜻하기도 하고 福복을 뜻하기도 하는 말이다. 경사스럽고 복된 좋은 일이 행궁의 정전이 봉수당 앞에서 벌어진다는 뜻이니 안에서 흘러나온 복은 백성들에게로 갈 뿐만 아니라 임금에게로 다시 흘러가고 있음을 보여주는 것이다.

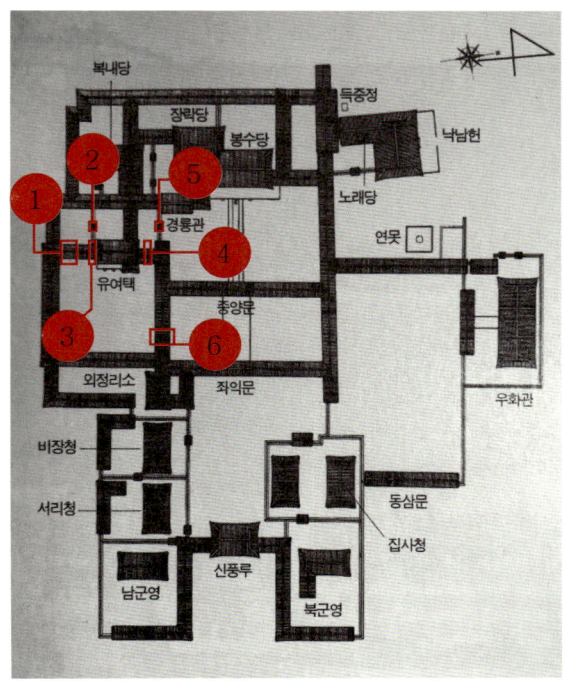

* 1-향춘문
2-가어문
3-홍살문
4-연휘문
5-경선문
6-유여문

*가운데 유여택, 오른쪽에 공신루
왼쪽 끝에 향춘문, 오른쪽 끝에 연휘문

19. 慶華門경화문

　행궁 서남쪽 구석에 慶華門경화문이 있다. 행궁의 가장 외진 곳이라고 할 수 있다. 이 경화문으로 들어서면 복내당 뒤뜰로 들어서게 된다. 이 경화문과 대비되는 것이 得閒門득한문이라고 할 수 있다. 득한문은 봉수당으로 향하는 문이고 밖으로 나오면 득중정과 낙남헌, 미로한정으로 가는 길로 연결된다. 위치상 득한문 쪽이 오히려 경화문이라는 이름을 가지고 있어야 할 것으로 보인다. 慶華경화란 '경사스럽고 화려하다' 혹은 '경사스러운 화성'이라는 뜻이기 때문이다. 이 경화문이 있는 곳은 행궁에서 가장 한가로운 곳으로 보이는데 이러한 곳에는 한적함을 얻는다는 뜻이 아니라 경사스럽고 화려하다는, 혹은 경사스러운 화성이라는 뜻이 담긴 문을 세워 놓았고, 경사스러운 화성과 연관되는 곳으로 보이는 곳에는 한가로움을 얻는다는 뜻이 담긴 문을 세워 놓은 것은 매우 의도적으로 보인다. 경사스럽고 화려함과 한적함이 어우러져 중용을 이루려고 하는 뜻이 담겨 있는 것으로 보인다.

*경화문

20. 書吏廳서리청 - 執事廳집사청

衙前아전이란 각 官廳관청에 딸려 벼슬아치 밑에서 일을 보던 中人중인 계급의 사람을 가리킨다. 衙門아문이란 이 아전이 드나드는 문을 가리킨다. 조선시대에 아전의 폐해는 익히 잘 알려져 있었다. '이익이 있는 곳에는 반드시 아전이 있다'라는 말이 있을 정도였다. 정조는 '간사한 향리[奸鄕간향]와 교활한 하층 아전[猾吏활리]은 백성들의 좀'이라고 말하기도 한다. 정약용은 『목민심서』에서 아전의 문제를 적나라하게 지적하면서 지방관이 아전에게 휘둘리지 않는 방법까지 제시하고 있다. 하지만 정조는 아전에 대해서 기본적으로 '같은 동포 한 집안'이라는 백성관을 바탕으로 해서 생각을 한다. 그래서 '아전도 또한 백성'이라고 하여 정조는 아전들의 교화와 생업의 마련을 지시했으며, 매년 정초에는 각 도의 戶長호장들을 불러 어려움을 묻곤 하였다. 정조는 아전의 잘못에 눈을 주기보다는 아전 위에 있는 수령의 근면과 솔선수범에 의해 아전의 농간이 방지될 수 있다고 보았다.[64]

정조는 아전이 행하는 비행들을 잘 알고 있었지만 책임을 져야

---

64) 이상 박현모 『정치가 정조』 (푸른역사, 2001) pp364-365참조

할 직무를 맡고 있는 자라기보다는 지방관이 지시하는 일을 수행하는 자들로 보고 있다. 그러니 아전들의 비행에 책임을 물어 아전들에게 무거운 벌을 내리는 것은 온당치 않다고 보았다. 윗사람이 잘 하면 아래 사람도 잘 하게 되어 있다는 기본적인 생각을 변함없이 가지고 있는 사람이 정조이다. 이것은 백성을 긍휼히 여기는 愛民애민 사상의 연속선상에서 발현된 것이라고 할 수 있다.

　행궁의 정문인 신풍루를 들어서면 마당을 사이에 두고 좌우에 書吏廳서리청과 執事廳집사청이 있다. 書吏서리는 문서를 기록하고 수령, 발급하는 업무를 담당하는 아전으로서 서리청은 그들이 사용하는 건물이다. 집사청은 행궁의 執事집사들이 사무를 보던 건물이다. 원래 집사란 주인을 모시고 그 살림을 맡아 하는 사람을 말하는데, 행궁의 집사청에서는 궁궐의 掖庭署액정서와 같이 국왕이 쓰는 붓과 먹, 벼루 등을 보관하고 대궐 안의 열쇠를 간수하며 여러 가지 설비와 비품들을 관리하는 등의 잡다한 사무들을 담당하였다. 화성 행궁에서 서리와 집사를 같은 일을 하는 이들로 보고 있음을 보여주고 있다.[65] 집사가 여러 가지 설비와 비품을 관리하는 자리에 있는 것과 같이 아전도 역시 어떤 일을 결정하고 집행하는 자리가 아니라 설비와 비품과 같이 정해진 일을 관리하는 자리에 있음을 알려주는 것이다. 집사와 같이 일하는 것이 아니라 그 가운데 모종의 이익을 취하기 위해서 일을 계획하는 것은 그 아전으로서의 직무를 넘어 월권을 하는 것임을 건물의 배치를 통해서 보여주고 있다고 할 수 있다. 이것은 아전의 인격을 무시하거나 그 능력을 과소평가하는 것이 아니라 직무를 맡은 자는 자기가 해야 할 일이 있고, 자기가 있어야 할

---

65) 수원시 『수원 화성 행궁』 (수원시, 2003) p112

자리가 있음을 뜻하는 것이고, 이로써 일이 효율적으로 이루어질 수 있음을 뜻하는 것이다. 정조의 아전관이 행궁 건물의 배치에도 드러나고 있음을 알 수 있다.

*서리청　　　　　　　*집사청

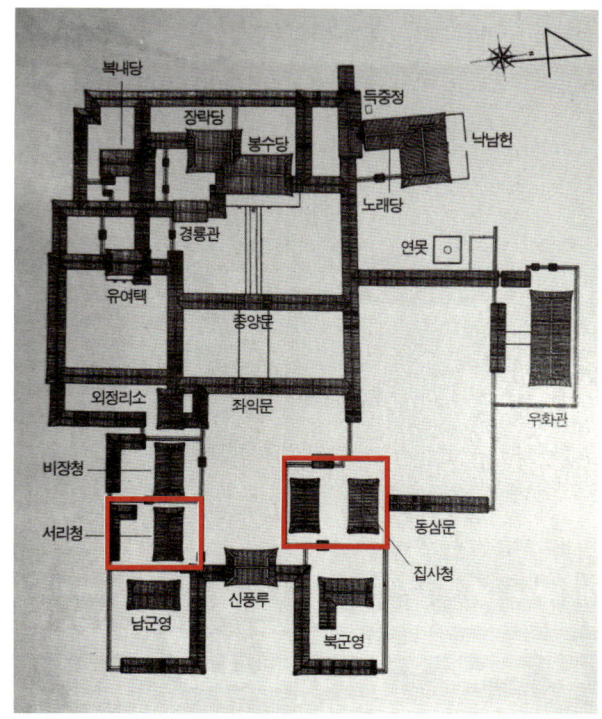

*왼쪽 서리청, 오른쪽 집사청

21. 新豊樓신풍루 – 南·北軍營行閣남·북군영행각 – 品品 자 나무

정조는 1793년(정조 17)에 수원도호부를 화성유수부로 승격시키면서 도성 안에 壯勇營장용영 內營내영을 두고 수원에 外營외영을 설치하였다. 南北軍營行閣남북군영행각은 壯勇外營장용외영의 親軍衛친군위(화성의 騎兵기병)가 入直宿衛입직숙위하는 곳이다.

화성의 정문에 해당하는 新豊樓신풍루에서 보면 오른쪽에 남군영, 왼쪽에 북군영이 있다. 신풍루는 背山臨水배산임수의 형상으로 정조는 이 신풍루 2층에 앉아서 백성들에게 쌀과 죽을 나누어주는 행사를 벌이기도 했으니 이 신풍루가 왕의 자리인 것이다. 신풍루 앞에는 정조가 심은 세 그루의 느티나무가 있는데 品品 자 모양을 하고 있으며 삼정승인 영의정, 좌의정, 우의정을 뜻한다는 것이다.[66] 왕을 상징하는 신풍루 앞에는 문반을 상징하는 삼정승이 있고 좌우에는 무반을 상징하는 남북군영행각이 있어 文武兼全문무겸전을 통해 왕권을 강화하고 그를 통해 안정된 통치를 이루려고 하는 뜻이 화성 행궁의 첫 부분에서부터 보이고 있다.

---

66) 김진국·김준혁 지음『우리가 몰랐던 정조, 화성이야기』(수원화성박물관, 2010) p79

그런데 특이한 점은 전통적으로 왕은 남쪽을 향해 앉아야 하는데 이곳 화성에서는 동쪽을 향해서 앉게 되어 있다. 東面동면하고서 왼쪽에는 북군영을 오른쪽에는 남군영을 거느리고 있는 모양새다. 북군영이 우의정의 자리, 남군영이 좌의정의 자리처럼 보이게 되어 있다. 정조는 文武兼全문무겸전을 이루는데 있어서 武무를 중심으로 해서 이루려고 했는데[67] 실질적인 면에 있어서 좌의정과 우의정의 자리에 문반이 아닌 무반이 있는 모습에서 무를 중심으로 해서 문무를 아우르고 개혁을 이루고자 했던 정조의 사상이 드러나고 있는 것으로 보인다. '정조가 피력한 문무겸전론의 바탕에는 당색에 물들지 않은 새로운 인재등용을 위한 실용주의적인 정국운영 철학이 담겨 있다.'[68] 실용주의적인 국정 운영의 철학은 왕이 南面남면해야 한다는 전통적인 사고방식의 틀을 과감하게 버리는 데에서도 볼 수 있다. 왕이 남면하는 구조를 만들 경우 남북으로 난 큰 길이 그대로 화성 중심부를 관통하지 못하고 우회할 수 밖에 없고 그렇게 되면 화성의 구조에서 불합리하고 실용적이지 못한 부분들이 속출하게 되어 있으므로 왕이 남면하는 것이 아니라 東面동면을 하는 구조로 화성과 행궁을 만듦으로써 모든 문제를 간단히 해결해버리게 되는 것이다. 東面동면한 왕 좌우에 무신들이 있어서 병력으로 왕을 보좌하고 그 힘을 통한 보호 아래에 문신들이 힘을 쓸 수 있는 공간을 마련하는 것은 내용 없는 명분을 버리고 실용을 따른 것이라고 할 수 있다. 왕[신풍루]과 무신들[남군영, 북군영]에게 둘러싸여 보호를 받으며 문신들[品품 자 모양의 느티나무]이 마음껏 자라

---

67) 최형국『정조의 무예사상과 장용영』(경인문화사, 2016) 제 1장 참조
68) 최형국『정조의 무예사상과 장용영』(경인문화사, 2016) p12

고 그 나무 그늘 아래에 백성들이 앉아서 쉬고 이곳에서부터 화성 전체로 그 기운이 뻗어가는 광경은 이상적인 나라의 모습이라고 할 수 있다.

*가운데가 신풍루, 세 그루의 品品 자 나무
왼쪽에 남군영, 오른쪽에 북군영

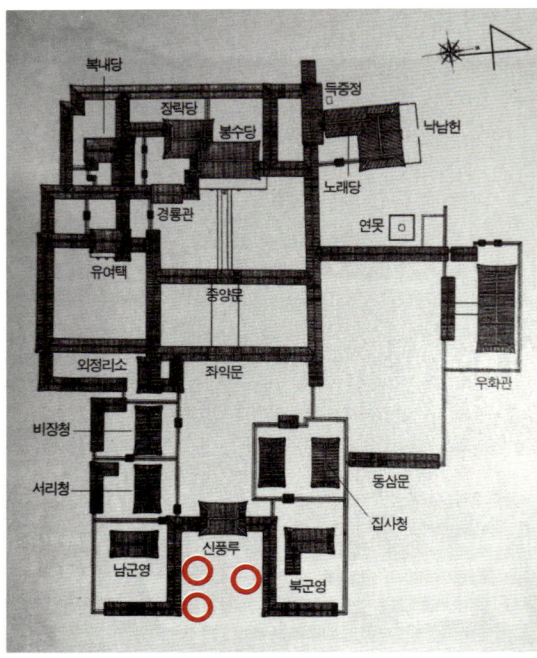

*아래 가운데
 신풍루
*동그라미 3개
 品品 자 나무

*남군영

22. 新豊樓신풍루 – 得閒門득한문

   행궁의 정문이 新豊樓신풍루이고 행궁의 뒷문이 得閒門득한문이다. 華城화성이라는 이름의 유래가 된『장자』「천지」편에 堯요 임금이 華화 땅을 여행할 때에 만난 화 땅의 국경지기가 요 임금에게 해주는 말이 이러하다.

     天下有道천하유도   천하에 올바른 도가 행하여지면
     則與物皆昌즉여물개창 만물과 함께 번창하지만
     天下无道천하무도   천하에 도가 행하여지지 않을 때에는
     則修德就閒즉수덕취한 덕을 닦으면서 한가히 지냅니다

천하에 도가 행하여지는 것은 올바른 정치가 행해지고 있는 상태. 이럴 때에는 物물, 즉 외부의 대상들과 더불어서 번성하면 된다. 행궁 정문의 이름이 新豊樓신풍루의 豊풍과 여기『장자』의 昌창이 통하고 있음을 볼 수 있다. 豊풍은 풍성하다는 뜻이고 昌창은 번성한다는 뜻이니 같은 단어라고 볼 수 있다. 그런데 정조는 新신을 붙였다. 이것은 '新民신민'에 관해서 말하고 있는『大學章句대학장구』傳文전문 제 2장을 생각나게 한다 .

湯王탕왕의 盤銘반명에 이르기를 '진실로 어느 날에 새로워졌거든 나날이 새롭게 하고, 또 나날이 새롭게 하라!' 하였으며『康誥강고』에 이르기를 '새로워지는 백성을 振作진작하라!' 하였으며『詩經시경』에 이르기를 '周주나라가 비록 옛 나라이나, 그 命명이 새롭다.' 하였으니 이러므로 君子군자는 그 極극을 쓰지 않는 바가 없는 것이다.
湯之盤銘曰 苟日新 日日新 又日新 康誥曰 作新民 詩曰 周雖舊邦 其命惟新 是故君子無所不用其極[69]

천하에 도가 행하여지고 모든 것들을 풍성하게 만들고 백성들과 함께 누리되 이『大學대학』의 구절에 의거하여 말하자면, 정조는 화성을 건설하면서 나날이 새로워지는 나라를 만들고, 새로워지는 백성을 진작시키고, 그 天命천명을 새롭게 하여 이 세상에서 새로운 기준[極극]을 가진 이상향을 세우고자 하는 뜻을 가지고 있었고 그 의미를 新豊樓신풍루의 新신에 담았던 것이다. 도가 행하여질 때에는 '與物皆昌여물개창' 혹은 '新豊신풍' 하겠다는 것이다.

天下无道천하무도, 즉 도가 행하여지지 않으면 덕을 닦으면서 한가하게 지낸다는 것은 세상을 포기하고 은둔한다는 뜻이 아니다. 도가 행하여지지 않을 때에는 조급하지 않게 다소 여유롭게 도가 행해지기를 기다리겠다는 뜻으로 볼 수 있다. 도가 행해지지 않을 때에 덕을 닦는 것은 도가 행해지지 않는 원인을 자기에게서 찾는 과정을 가리키는 것이다. 행궁에서 득한문을 나서면

---

[69] 성백효 역주『大學·中庸 集註대학·중용 집주』(전통문화연구회, 1996) pp27-28

오른쪽에 바로 得中亭득중정이 있어서 한가로움을 얻는다[得閒득한] 함은 곧 활쏘기를 가리키는 것으로 보인다. 이는 『禮記예기』「射義사의」편에 '활쏘기라는 것은 큰 덕을 살피는 것이다' (射者 所以觀盛德也) 라고 한 것에서 볼 수 있듯이 활쏘기는 곧 덕을 닦는 것을 가리키는 것이다. 정조 자신도 이 사실을 잘 알고 있었다.

> 과녁을 맞추는 활쏘기에서도 마음 공부를 관찰할 수 있으니, 마음이 보존되어 있으면 적중하고 마음이 보존되어 있지 않으면 적중하지 않는다.
> 貫革之射 亦可以觀心學 心存則中 心不存則不中[70]

덕을 닦는 것은 더 완전한 성인이 되어 도가 행해질 수 있도록 자기를 수양하는 것을 가리키는 것이다. 도가 행해지지 않는다고 해서 포기하고 떠나는 것이 아닌 것이다. 『장자』에서는 '한가함으로 나아간다' 는 뜻으로 '就閒취한'이라고 했는데 행궁에는 '得閒득한'으로 되어 있어서 대동소이함을 볼 수 있다. 행궁의 앞문은 新豊樓신풍루, 뒷문은 得閒門득한문으로 도가 행하여질 때에는 적극적으로 풍성함을 함께 나누고 도가 행하여지지 않을 때에는 덕을 닦으면서 왕이 자기를 반성하고 도가 행해질 수 있도록 노력하겠다는 뜻을 담고 있다.

『장자』「천지」편에 따르면 堯요 임금은 華화 땅에서 쫓겨나는 것으로 되어 있다. 정조는 요 임금과 같이 華화 땅에서 쫓겨나

---

70) 『홍재전서』제177권「日得錄」17

는 것이 아니라 국경지기가 堯요 임금에게 해 준 말을 이행하면서 華화 땅을 華城화성에 만들겠다는 뜻을 행궁의 앞문과 뒷문인 新豊樓신풍루와 得閒門득한문에도 담아서 보여주고 있는 것이다.

*사진 오른쪽 문이 득한문, 뒤쪽에 지붕들 너머로 신풍루의 후면이 보인다. 가운데는 득중정, 왼쪽이 노래당 후면, 그 옆이 낙남헌 측면.

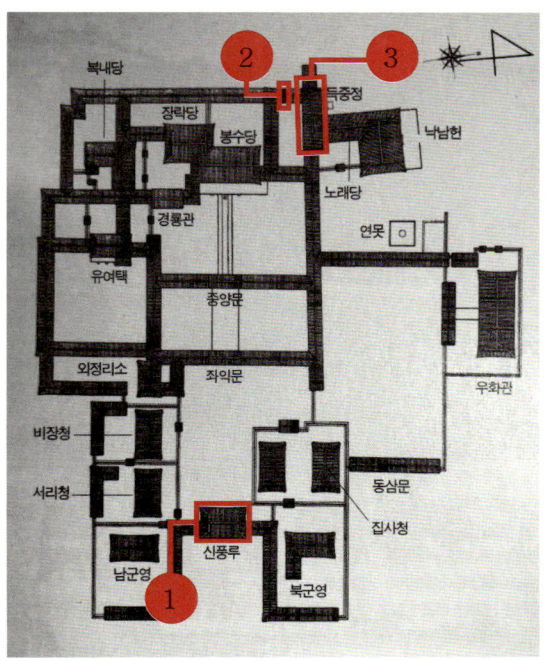

*1-신풍루
2-득한문
3-득중정

23. 重鑰門중약문 - 外整理衙門외정리아문

　　外整理所외정리소는 임금이 행차할 때 행궁에서의 행사 준비를 담당하는 관청으로 외정리사는 통상 호조판서가 겸임했으나 화성의 경우는 화성유수가 겸임하였다. 1796년(정조 20년) 화성이 완공되면서 外整理所외정리소와 대문을 세우고 대문에 外整理衙門외정리아문이란 편액을 달았다. 외정리소 뒤편에 궁중에서 사용되는 악기를 보관하는 起層軒기층헌이 있다. 외정리아문을 나서면 사실상 행궁의 바깥쪽이다. 외정리아문을 보면 바깥으로 열려 있는 형태라고 할 수 있다. 반면에 기층헌은 외정리소 건물 안에 감추어져 있다.

　　左翊門좌익문에서 오른쪽에 기층헌-외정리소-외정리아문이 있고 왼쪽으로는 重鑰門중약문-于華館우화관으로 들어가는 三門삼문-우화관으로 이어진다. 重鑰門중약문은 중첩해서 혹은 겹으로[重重] 잠근다[鑰약]는 뜻이다. 어떤 것을 잠그는 것은 소중한 것이 그 안에 있기 때문이다. 겹으로 잠가놓은 것은 매우 소중한 것이 그 안에 있음을 뜻하는 것이다. 중약문을 지나면 우화관의 삼문이 있어서 삼중 사중으로 잠가놓았음을 알게 해준다. 그 안에는 于華館우화관이 있다. 于華우화는 '華城화성에서[于우]'라는 뜻이라고 볼 때에, 華城에 온 것을 매우 소중하게 여기고 있음을 뜻하는 것이다.『장자』「천지」편에서 堯요 임금도 그 경계선에서 발도 들여놓지 못하고 쫓겨나고 들어가지 못한 華화 땅에서[于華우화] 다시는 나가지 않겠다는 뜻이 담겨 있다.

중약문 앞 좌익문을 따라 가면 기층헌 뒷벽이 나온다. 중약문 맞은편에 있는데, 기층헌으로 들어가는 문은 좌익문 앞뜰에는 없고 외정리소로 들어가는 빈희문으로 들어가서 외정리소 앞으로 해서 외정리소 측면으로 돌아가야 한다. 기층헌은 숨겨져 있는데 중약문이 겹으로 잠겨 있는 것과 같이 겹으로 숨겨져 있다고 할 수 있다. 重鑰門중약문의 重중과 起層軒기층헌의 層층이 호응하고 있다. 重중은 여러 겹이라면 層층은 거듭 포개져 있는 상태를 가리킨다. 重중이 중약문-삼문으로 이어지면서 여러 겹을 보여주고 있다면 層층은 깊이 숨겨진 곳에서 위로 울려나는 모양새다. 기층헌은 악기를 보관하는 곳이므로 音樂음악을 상징한다고 볼 수 있다. 음악이 그처럼 울려나도록 일으킨다[起層기층]는 뜻으로 볼 수 있다. 화 땅과 같은 이상향을 세우는 데에 있어서 음악의 소중함을 보여주고 있다.

외정리소의 대문인 外整理衙門외정리아문은 밖으로 열려 있는 모양새다. 거듭해서 잠그고 숨겨놓는 것이 아니라 개방하고 있다. 잠금과 엶을 통해서 중을 얻고[得中득중] 거듭 잠그고 감추기만 할 때에 생길 수 있는 폐단을 미연에 방지하는 뜻이 있는 것이다. 소중한 것을 감추어놓고 혼자서만 가지고 있자는 것이 아니다. 소중한 것을 남모르게 닦고 더욱 아름답게 만들어서 음악처럼 울려 퍼지게 해서 밖으로 퍼져나가고 모든 이들이 함께 누릴 수 있도록 하는 것을 지향하고 있는 것이다.

*중약문

*외정리아문

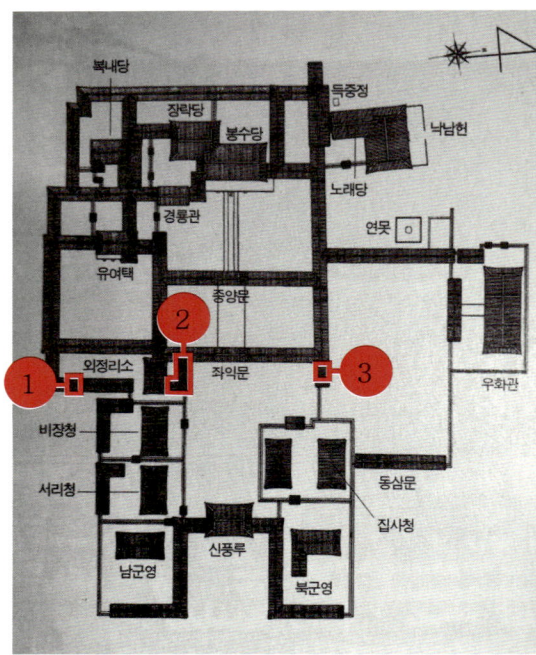

1-외정리아문
2-기층헌
3-중약문

24. 新豊樓신풍루의 三太極삼태극문양

　복원된 화성 행궁의 신풍루 삼문에 그려진 태극문양은 二太極이태극으로 되어 있는데 채색본『整理儀軌정리의궤』제 39권 城役圖성역도에는 삼태극으로 되어 있음이 확인된다.

* 그림 앞쪽이 신풍루, 뒤쪽은 좌익문.
『整理儀軌정리의궤』제 39권 城役圖성역도
(프랑스 파리 국립도서관(BNF) 소장)

*복원된 신풍루와 좌익문

　채색본 『정리의궤』를 전적으로 신뢰할 수 없고 철저한 고증과 분석을 거쳐야 하겠지만(정정남(2016)의 논문 127쪽 참조) 이 태극이 이 화성과 화성 행궁에서 어떤 의미를 가질지 해석해 보도록 한다. 보통 삼태극은 이태극을 구성하는 빨강, 파랑에 황색이 더해진다. 그런데 新豊樓신풍루의 삼태극은 이태극을 구성하는 흑과 백에다가 초록색이 더해진 모습을 하고 있다. 흑백으로 된 이태극에다가 초록색이 더해진 모습이다. 이 신풍루 태극 문양에서 독특한 부분은 초록색 부분이라고 할 수 있다. 초록[綠]은

청색과 황색의 間色간색이고, 검고 아름다운 빛을 의미한다. 五行오행에서 청색과 황색의 관계는 木剋土목극토, 즉 '나무는 흙을 이긴다. 나무가 흙에 뿌리를 내린다' 는 것으로 정리된다. 청색과 황색의 간색인 초록색을 쓴 데에는 나무가 흙에 뿌리를 내리듯이 이 화성이 새로운 땅에 정착되기를 바라는 뜻이 담겨 있다고 할 수 있다. 또한 초록은 검고 아름다운 빛을 의미하는데 검을지라도 아름다운 빛은 곧 民草민초들을 상징하는 것을 볼 수 있다. 삶의 현장에서 햇볕에 그을린 백성들은 검은 모습이지만 아름다운 것이다. 백성을 뜻하는 말 民草에서 草는 곧 초록빛 풀을 가리키는 것이므로 검고 아름다운 초록빛이 상징하는 것은 백성들이라고 할 수 있다.

삼태극은 天地人천지인을 가리키는 것이다. 여기 화성 신풍루의 삼태극의 천지인에서 人인은 民草민초인 백성을 가리키는 것으로 분명하게 지시해주고 있다. 삼태극을 이루고 있는 白백과 黑흑은 각각 하늘과 땅을 상징하는 것. 하늘[왕]과 땅[신하]과 백성이 한데 어우러지면서 이상적인 나라를 만들고자 하는 뜻이 신풍루 삼태극 문양에 담겨 있는 것이다. 백성을 단순히 다스림의 대상이 아니라 왕과 신하와 동격에 놓음으로써 신분의 고하가 아니라 각자의 역할에 따라서 그 정적이고 고정불변인 位置위치가 아니라 동적이고 변화무쌍한 位相위상이 있음을 보여주고 있다. 왕과 신하와 백성이 자기의 색깔과 위상을 지키면서도 동적으로 융합할 때에 진정한 의미의 華城화성이 이루어질 수 있음을 화성의 정문인 신풍루가 標榜표방하고 있다.

25. 維與宅유여택 뒤의 翠屛취병

『整理儀軌정리의궤』(BNF 소장)의 유여택 그림에는 유여택 뒤에 翠屛취병이 놓여 있는 것이 확인된다. 실은 『원행을묘정리의궤』(서울대학교 규장각 소장)의 화성행궁도에도 취병이 있었을 것으로 짐작할 수 있는데 유여택만을 그린 것이 없기 때문에 분명하게 알 수 없었다. 그런데 『정리의궤』에는 채색이 되어 있고 『의궤』에는 없는 유여택 그림이 있어서 유여택 주변의 모습을 크게 볼 수 있게 되었다. 그러자 초록빛 취병이 분명하게 보이게 된 것이다. 이런 상황에서 『원행을묘정리의궤』의 화성행궁도의 유여택 뒤쪽을 잘 살펴보면 구름 모양 같은 것이 있는데 그것이 바로 취병을 그려놓은 것임을 알 수 있다.

안에 있는 복[福內복내]이 묶여져서[維福유복] 물고기와 같은 신하들[嘉魚가어]의 보살핌 속에 維與宅유여택에서 백성들에게 주어지게 되는데, 유여택에 이르기 전에 취병을 통과하게 되어 있다. 翠屛취병이란 꽃나무의 가지를 이리저리 틀어서 문이나 屛風병풍 모양으로 만든 물건을 가리킨다. 벽처럼 차단하고 막는 것이 아니라 가리는 데에 사용되는 것이다. 왕궁의 내밀한 곳에서 나오는 복은 가장 화려한 복이라고 할 수 있는데, 이 복이 이 취병을 지나면서 백성들에게 주어지기에 적당한 것으로 바뀐

다고 할 수 있다. 이 취병은 백성들이 왕궁에서 나오는 복을 부담 없이 받아들일 수 있도록 만들어주는 역할을 하고 있다고 할 수 있는 것이다. 이 취병의 색은 新豊樓신풍루의 삼태극의 색 가운데 하나인 초록색과 같은 색으로 民草민초인 백성을 뜻한다고 볼 수 있다. 임금의 복이 신하들의 협력 속에 백성들에게 주어진다는 뜻을 담고 있다.

*유여택 뒤의 취병.『整理儀軌정리의궤』제 39권 城役圖성역도 (프랑스 파리 국립도서관(BNF) 소장)

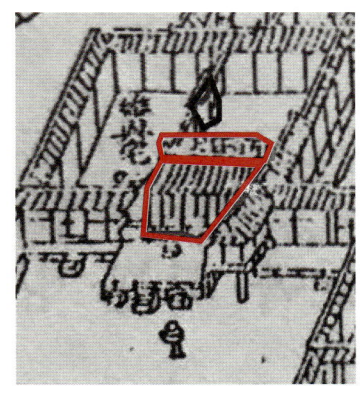

*『원행을묘정리의궤』(서울대학교 규장각 소장)의 화성행궁도(부분). 붉은색의 유여택 뒤에 취병의 모습을 볼 수 있다. 검정색은 가어문.

221

26. 得中亭득중정과 訪花隨柳亭방화수류정

　화성 행궁의 得中亭득중정은 화성 건설 초기부터 있던 곳으로 정조는 화성 행차시에 이곳에서 활쏘기를 하였다. 정조는 또한 1797년(정조 21)에 화성에 행차하여 訪花隨柳亭방화수류정이라고 불리는 東北角樓동북각루에서 활쏘기를 하였다. 활쏘기에 워낙 능한 정조였기에 활쏘기를 하는 것은 일상적인 일이었는데 기록들은 득중정과 방화수류정에서의 활쏘기에는 특별히 주목하고 있다. 방화수류정에서 활쏘기를 하고 나서 시를 읊었다.

　　　歷遍春城日未斜　　역편춘성일미사
　　　小亭雲物轉晴佳　　소정운물전청가
　　　鑾旂慣報參連妙　　난기관보삼련묘
　　　萬柳陰中簇似花　　만류음중족사화

　　　봄날 성을 두루 돌아도 해는 아직 지지 않고
　　　방화수류정의 구름 긴 경치 더욱 맑고 아름답구나.
　　　수레를 세워 놓고 세 번 쏘기가 묘하니
　　　만 그루 버드나무 그림자 속에 화살은 꽃과 같네.

화살이 꽃과 같다[簇似花족사화]고 읊고 있다. 이는 화살 속에서 꽃을 찾은 것과 같은 것. 화살은 전쟁 무기이지만 정조는 그 전쟁 무기를 꽃으로 바꾸어 놓고 있다. 굳이 방화수류정에서 활쏘기를 한 것은 화성의 가장 아름다운 곳에서 화살을 꽃으로 바꾸어놓으려는 의도가 있었던 것. 정조는 꽃을 찾아왔고[訪花방화] 버드나무를 따라서[隨柳수류] 화살을 쏜 것이고 이윽고 그 화살은 버드나무 그림자 속에 꽃과 같이 된 것이다.

득중정 앞에 방전을 깐 사각의 방대가 있어서 활쏘기를 하는 곳으로 되어 있다. 방화수류정에도 돌로 된 步石보석을 오르면 나오는 월대에 方甎방전을 깔아서 耦射우사와 揖讓읍양의 예를 올릴 수 있게 했다. 득중정과 방화수류정 모두 활쏘는 곳으로 여겨지고 있었던 것이다.

得中득중이란 것은 중심을 얻고 중용을 이루는 일인데, 이것은 덕을 닦고 수양을 통해서 이루어지는 일임을 보여주는 것이다. 그런데 그 得中득중은 그렇게 도학적인 면에서만 이루어지는 것이 아니라 미적인 면에서도 이루어지는 것임을 보여주는 것이 이 방화수류정에서의 활쏘기라고 할 수 있다. 활쏘기를 매개로 득중정과 방화수류정은 서로 상보적인 관계를 가지게 된다고 할 수 있다. 득중정에서의 활쏘기는 엄격한 자기수양의 방법으로서의 활쏘기라면 방화수류정에서의 활쏘기는 아름다움을 찾고 즐기는 일을 통해 중심을 잡고 중용을 이루는 일로서의 활쏘기라고 할 수 있다. 이 두 가지 방법 모두를 통해서 중심을 잡고 중용을 이루게 되면 그것이 곧 이상적인 華城화성을 세우는 길임을 이 두 건축물 득중정과 방화수류정이 보여주고 있다.

*득중정

*방화수류정

27. 閒한과 間간의 의미 : 得閒門득한문 – 未老閒亭미로한정 – 得中亭득중정 – 藏春閣장춘각

　得閒門득한문의 閒한과 未老閒亭미로한정의 閒한은 '한가함'을 뜻하기도 하고 '틈'을 뜻하기도 한다. 또한 閒한 자는 사이 間간 자의 本字본자이기도 하다. 閒한과 間간은 통용된다고 볼 수 있다. 한가함을 얻는 것은 틈을 얻는 것이기도 하다. 得閒門득한문의 閒한을 間간으로 보면 '사이'를 얻었다는 뜻으로 볼 수 있다. 이는 得中亭득중정의 得中득중과 그 의미가 같다. 단지 한가함을 얻었다는 뜻으로 이 문에 이름을 붙인 것이 아니라 득중과 일맥상통하면서 좀 더 깊은 뜻을 담고자 得閒門득한문이라는 이름을 붙인 것으로 볼 수 있다. 틈 혹은 여가를 얻는 것이기도 하고 또 한편으로는 그보다 더 깊은 뜻으로 得中득중의 의미를 보충해주는 것이다.

　무엇을 '얻었다'고 하면 얻었다고 하는 순간 곧바로 더 나아가지 못하고 정체되어 버린다. 그렇다고 얻는 것을 포기하면 완전히 낙오되어 얻는 것으로 나아가지도 못하게 된다. 그러므로 얻으면서도 얻지 않는 상태를 얻어야 하는데, 그것이 得閒득한(=得間득간)인 것이다. 사이를 얻었다는 것. 얻기는 얻었으되 또 다른 사이를 얻기 위해서 나아가는 출발점이 되기도 하는 것이니 아직 얻지 않은 것과도 같은 것이다. 아감벤(Giorgio

Agamben)은 이와 같은 나눌 수 없는 나눔을 '아펠레스의 자르기(cut of Appelles)'라고 명명하고 있다.[71] 得中득중도 역시 마찬가지, 한 가운데를 얻은 것은, 분명히 얻은 것이지만 그 한 가운데의 가운데를 향해서 나아가는 출발점이 되므로 얻기는 얻었으나 아직 얻지 않은 상태와 동일한 것이다. 그러니까, 得閒득한이나 得中득중은 이미(already) 얻었으나 아직(not yet) 얻지 않은 상태를 나타내는 것이다. 이런 得閒득한이나 得中득중에 있어야 정체되거나 퇴락하지 않고 항상 새로울 수 있는 것. 이렇게 得閒득한과 得中득중의 상태에서라야 藏春閣장춘각의 젊음을 간직하는 것[藏春장춘]이 가능한 것이다. 藏春閣장춘각이 화성 행궁 거기에 있어야만 하는 존재 이유(raison d'être). 得閒門득한문과 得中亭득중정과 藏春閣장춘각 위로 未老閒亭미로한정이 있다. 未老閒미로한의 閒한 역시 間간과 통용된다고 보면, '아직 늙지 않아서 한가함'[未老閒미로한]을 뜻하기도 하고, '아직 늙지 않는 그 사이'[未老間미로간]를 뜻하기도 하는 것. '아직 늙지 않는 그 사이'란 得閒득한과 得中득중과 같이 늙음이 와서[老來노래] 이미 늙음을 얻었으나, 말하자면 그 늙음의 늙음을 아직 얻지 않은 그 '사이'에 있는 상태를 가리키는 것. 이미 늙었으나 아직 늙지 않고 늙음의 한 가운데를 향해서 나아가는 그 사이에 있는 것이 다름 아닌 華城화성이라는 이름의 유래가 나오는 『장자』 「천지」편에 '덕을 닦으면서 한가함(혹은 사이)으로 나아가(修德就閒수덕취한)…… 세상을 떠나 신선 세상으로 올라간다(去而上僊거이상선)'고 할 때의 僊선[神仙신선]의 경지라는 것.

장자가 말하는 이상적 인간형은 이른바 슈퍼맨과 같은 존재가

---

71) *The Time That Remains* (Stanford University Press, 2005) pp49-50

아니다. 단지 이상을 향해 묵묵히 걸어갈 뿐인 발전적 과정에 있는 인간이고, 그러한 발전을 항상 자기 과제로 삼고 있는 진지한 인간이다. 어떤 완전함이란 그것이 이루어지면 또 다른 맥락의 완전함을 요구하기에 이러한 앞을 향해 가는 방향성은 끝이 없다.[72] 저 신선이란 이와 같이 '이상을 향해 묵묵히 걸어갈 뿐인 발전적 과정에 있는 인간'인데 이런 인간형은 바로 정조 자신의 모습이고 정조가 지향하고 있는 인간상에 적확하게 일치하고 있는 것이다. 정조는 이 화성과 이 행궁에서 스스로 이 온전한 인간을 향해서 끝없이 정진하고자 했고 모든 백성과 더불어 이상적인 인간들의 아름다운 공동체를 만들어가고자 했던 것이다.

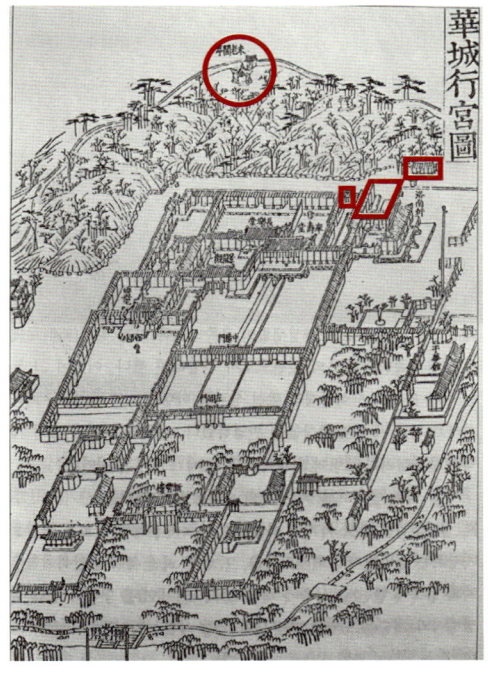

*왼쪽 위에서부터 오른쪽으로: 미로한정-득한문-득중정-장춘각

---

72) 양승권 지음 『장자』 (한길사, 2013) p167

28. 重英門중영문

　아직 복원되지 않은 重英門중영문은 奉壽堂봉수당과 長樂堂장락당 兩堂양당 뒤뜰의 분계를 이루고 있다. 重英중영은 '중첩된 꽃부리'라는 뜻인데, 꽃부리는 꽃잎 전체를 가리키는 말로 볼 수 있다. 꽃부리는 꽃술을 보호하는 것인데, '꽃술'은 꽃의 수술과 암술을 아울러 이르는 말로 꽃의 생식 기관으로서 꽃의 중심을 이룬다. 화성 행궁의 꽃술은 봉수당과 장락당이라고 할 수 있고, 행궁의 정당인 봉수당은 수술, 장락당은 암술에 해당되고 이 두 꽃술을 보호하는 것이 重英門중영문이라는 뜻이 된다. 奉壽봉수와 長樂장락은 목숨, 곧 생명을 받드는 일과 즐거움을 길이 누리는 것을 뜻하는데 이것은 화성 전체를 세운 궁극적인 의도와도 일맥상통하는 것이다. 이러한 奉壽봉수와 長樂장락을 보호하기 위해 꽃부리[英영]를 중첩되게[重중] 만들어놓은 것이다. 重英門중영문이 奉壽堂봉수당과 長樂堂장락당의 뒤에 버티고 있음으로써 奉壽봉수와 長樂장락이 보존되면서 실행될 수 있게 해주고 있음을 보여준다.

*중영문이 있던 자리

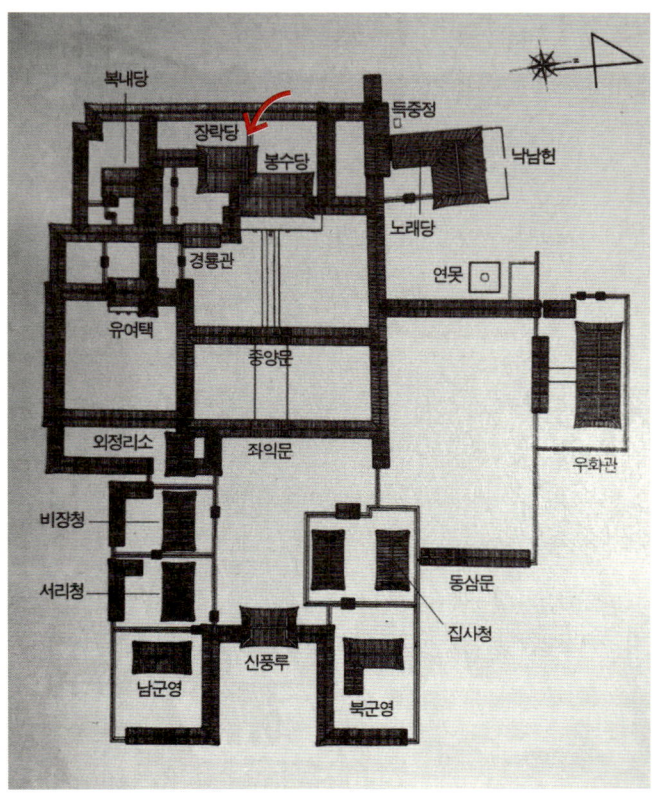

29. 得中亭池득중정지 - 龍淵용연

洛南軒낙남헌 동북쪽에 1789년 조성된 得中亭池득중정지라는 작은 연못이 있다. 『의궤』를 보면 '정원의 동북쪽에는 작은 연못이 있는데, 사방 25척이고 둘레를 벽으로 쌓았으며, 그 가운데에 작은 섬이 있다'(庭之東北有小池 方二十五尺 周以石砌 中有小島)고 한다. 이 연못이 낙남헌 동북쪽에 있는 것으로 설명되는 것은 낙남헌 자리에는 원래 득중정이 있었고, 득중정을 옆으로 옮겨 짓고 득중정이 있던 자리에 낙남헌을 지었기 때문이다. 낙남헌이 1794년에 완공되었으니 1789년에 조성된 이 연못의 이름은 得中亭池득중정지라고 이미 정해져 있었던 것이다. 이렇게 보면, 得中亭득중정과 이 연못은 하나로 묶여 있다고 할 수 있다. 득중정은 활을 쏘는 일과 밀접하게 관련되어 있다. 得中亭득중정은 射亭사정(활터에 세운 정자)으로 득중정 앞에는 射臺사대가 설치되어 있다. 이 득중정과 하나로 묶인 것이 이 연못이다.

화성에서 활쏘기와 관련된 곳은 이 得中亭득중정과 訪花隨柳亭방화수류정이다. 방화수류정도 龍淵용연이라는 연못과 하나로 묶여 있다.

활쏘기와 관련된 두 정자인 득중정과 방화수류정은 각각 연못과 함께 하고 있다. 득중정의 연못은 사각형이고 그 안에 원형의 섬이 있고, 방화수류정의 연못은 반원형이고 그 안에 역시 섬이 있다. 연못과 활쏘기는 어떤 연관이 있는가? 明鏡止水명경지수와 같이 고요한 연못과 같은 마음의 상태라야 활쏘기를 제대로 할 수 있을 것이라는 뜻이 담긴 것이 아닐까. 흐르는 물이 아니라 고여 있는 물[止水지수]을 맑은 거울[明鏡명경]로 삼아서 자기를 반성하고 덕을 쌓는 일은 활쏘기를 통해서 자기 자신의 덕을 기르는 일과 같은 것이다. 활쏘기와 관련된 두 정자인 득중정과 방화수류정에 각각 연못이 함께 하고 있는 것은 매우 타당하고 필연적이라 할 것이다.

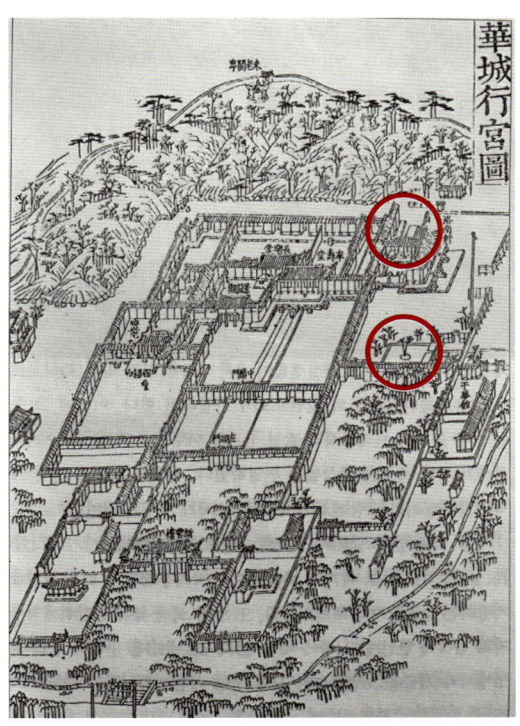

*위 동그라미 득중정, 아래 득중정지

*방화수류정 아래 용연

30. 得中亭득중정의 得中득중의 의미

彼피와 是시가 상대를 얻지 못하는 것을 '道도의 지도리 [道樞도추]'라고 한다. 지도리가 비로소 고리 가운데의 효용을 얻게 되면 무궁한 변화에 대응할 것이다.
彼是莫得其偶 謂之道樞 樞始得其環中 以應无窮[73]

　　得中亭득중정의 得中득중은 지도리의 축이 고리의 가운데에서는 得其環中득기환중을 뜻하는 것으로 보인다. 장자에게 있어서 이 得中득중은 무한한 소통이 가능하게 된 경지를 가리킨다. 이는 현실을 떠나서 초월하는 것이 아니고 현실 한 가운데 있으면서 현실의 중심으로서의 역할을 감당하는 것으로 삶에 절실하다는 의미에서 實學실학적이며 고리의 가운데서 고리의 모든 부분과 소통하는 것이므로 이상적이라고 할 수 있다. 현실에 逼眞핍진함과 동시에 이상을 잃지 않는 것, 그 가운데 무궁한 변화에 대응하면서 끊임없이 나아가는 것이 정조가 화성과 행궁을 세운 뜻이요 의의라고 할 수 있다. 화성의 이름을『장자』에서 찾은 정조는 화성 행궁의 가장 깊은 곳에 위치한 건물에 득중정이라는 이름을 붙였는데 이『장자』에 나오는 得其環中득기환중의 의미를 되새기면서 명명한 것이 아닐까 생각해 본다.

---

73)『장자』「齊物論제물론」

나가는 글

　화성은 정조가 그리는 이상향을 설계하고 실현시켜 놓으려 한 곳이었다. 지상의 이상향은 실은 존재하지 않는(유토피아) 곳일 수밖에 없지만 정조는 존재하지 않을 이상향을 그리면서 화성을 설계하고 수축하였다. 정조가 그린 이상향의 모습은 무엇이었을까? 유교적 세계관이 지배하던 세계에서 『장자』에서 그 이름의 유래를 가져온 화성은 당대의 세계관을 넘어서고자 하는 의지를 그 이름에서부터 보여주었고, 그와 동시에 실제 지명 花山화산의 花 대신에 華화를 씀으로써 이상향이지만 실재하는 이 세상에 뿌리 내리고 있음을 암시하였다. 최근에 발굴된 정조어찰에서 분명하게 보듯 정조는 매우 현실적인 정치인이었다. 그는 사람을 아는 사람이었고, 그렇기에 이상향을 그리면서도 현실의 사람과 동떨어진 몽상의 고장을 설계하고 꿈꾸지 않았다. 하지만 이 철저한 현실주의는 도리어 그 누구보다도 더 완전한 꿈을 꿀 수 있게 해 주었다. 현실에 빠져 흘러가는 사람이 아니었던 정조에게 현실을 알면 알수록 이상향에 대한 갈망은 더 커지게 마련이었다. 온전히 현실적이면서 또한 그와 동시에 온전히 이상적인 세계를 화성에서 이루고자 하였다. 화성은 정조가 쓴 서정시이자 서사시였다. 문학작품이든 미술작품이든 건축물이든 좋은 작품이 그렇듯이 정조의 서정시이자 서사시로의 화성은 시를 쓰게 하도록 하는 능력을 지녔다. 화성을 읽는 이들은 자기의 작품으로서의 자기만의 화성을 쓸 수 있게 되어 있다. 화성은 그

만큼 완결되어 있으면서도 무한히 열려 있는 좋은 텍스트인 것이다. 나는 화성과 함께 정조 역시 영원으로 열린 하나의 텍스트로 다가와서 해석을 기다리고 있음을 감지하고 그의 흔적들, 특히 화성과 화성 행궁에 숨겨진 그의 사상과 그의 情操정조를 읽어보았다. 이 화성과의 만남, 화성을 통한 정조와의 만남은 건축에 문외한이고 역사의 세밀한 부분에 둔감했지만 그런 것은 문제가 되지 않고 나름대로의 시(혹은 텍스트)를 쓸 수 있겠다고 하는 이상한 자신감을 가지게 해 주었고, 인간 세상의 모든 것과 모든 존재가 하나의 詩시라는 사실을 다시 한 번 확인하는 계기가 되었다. 화성의 안팎을 답사하고 행궁의 이름 붙여진 문들을 지나면서 정조의 어렴풋한 표정을 보고 향취를 맡으려 했으나 코끝을 스치는 놋주발의 냄새 같은 것만 어른거리고 있다. 정조에게 나의 화답이 있어야 하지 않을까.

늙음이 오는[老來]
사이에서[得閒]
봄을 간직하니[藏春]
아니 늙어[未老]
사이[閒]를 누리며
우주의 고리 가운데서[得中]
시간의 화살 묘연한 버들 따라[隨柳]
다시 꽃을 찾아나서[訪花]
角巾각건 쓰고 허튼춤 추며
달이 달을
마주하다

235

참고문헌

(1) 고전 문헌 (서명 가나다순)

성백효 역주 『論語 集註논어 집주』 (전통문화연구회, 1995)

성백효 역주 『大學·中庸 集註대학·중용 집주』 (전통문화연구회, 1996)

尹愭윤기 지음, 김채식 번역 『無名子集무명자집』

    (한국고전번역원 홈페이지 http://www.itkc.or.kr)

성백효 역주 『書經集傳서경집전』상,하 (전통문화연구회, 1998)

許愼허신 『說文解字설문해자』

손자 지음, 김광수 해석하고 씀 『孫子兵法손자병법』 (책세상, 1999)

『純宗孝皇帝山陵主監儀軌순종효황제산릉주감의궤』

『禮記예기』「樂記악기」

남현희 옮김 『日得錄일득록』 (문자향, 2008)

『日省錄일성록』

안병주, 전호근 공역 『(역주) 장자』 1~4

    (전통문화연구회, 2001~2006)

『整理儀軌정리의궤』 제39권 城役圖성역도

    (프랑스 국립도서관(BNF), 도서번호 Coréen 40)

『朝鮮王朝實錄조선왕조실록』

『周易주역』

『進饌儀軌진찬의궤』

『弘齋全書홍재전서』

『(국역 증보판) 華城城役儀軌화성성역의궤』 (경기문화재단, 2005)

(2) 연구서 (저·편자명 가나다순)

경기문화재단 [편] 『화성성역의궤 건축용어집』(경기문화재단, 2007)

김동욱 『실학정신으로 세운 조선의 신도시 수원 화성』(돌베개, 2002)

김봉렬 『한국건축 이야기 1』(돌베개, 2006)

김시천 『노자의 칼 장자의 방패』(책세상, 2013)

김왕직 외 집필 『조선시대 왕실문화 도해사전』(서울대학교 규장각 한국
  학연구원 – http://kyujanggak.snu.ac.kr/dohae/main/index.jsp)

김준혁 『이산 정조, 꿈의 도시 화성을 세우다』(여유당, 2008)

김준혁 『화성, 정조와 다산의 꿈이 어우러진 대동의 도시』(더봄, 2017)

김진국·김준혁 지음 『우리가 몰랐던 정조, 화성이야기』
  (수원화성박물관, 2010)

김해영·최병윤 『지금은 정조를 읽어야 할 시간』(안티쿠스, 2013)

박영목 『정조의 복수, 그 화려한 8일』(시간의물레, 2010)

박현모 『정치가 정조』(푸른역사, 2001)

송지원 『정조의 음악정책』(태학사, 2007)

송효섭 『인문학, 기호학을 말하다』(이숲, 2013)

수원시 『수원 화성 행궁』(수원시, 2003)

수원화성박물관 [편] 『마음으로 그린 꿈 역사로 이어지고-도면에 담긴
  우리 건축』(수원화성박물관, 2011)

신영훈 『수원의 화성』(조선일보사, 1999(재판))

양승권 지음 『장자』(한길사, 2013)

오수창 「18세기 조선 정치사상과 그 전후 맥락」『정조와 18세기』
  (푸른역사, 2013)

유봉학 『꿈의 문화유산, 화성』(신구문화사, 1996)

이달호 『'화성' 건설 연구』(상명대학교 박사학위논문, 2003)

이재원 『조선의 아트 저널리스트 김홍도』(살림, 2016)

이종건 『시적 공간』(궁리, 2016)

임건순 지음 『손자병법』(서해문집, 2016)

전광철 『무량수전에 말 걸다』(사회세상, 2016)

정정남 「파리 동양어학교(BULAC) 소장 『정리의궤(整理儀軌)』의 건축사료적 가치」 『한국건축역사학회 2016년 추계학술발표대회 논문집』(한국건축역사학회, 2016), 123-128쪽

최형국 『정조의 무예사상과 장용영』(경인문화사, 2016)

최홍규 『정조의 화성건설』(일지사, 2001)

한영우 『<반차도>를 따라가는 정조의 화성행차』(효형출판, 2007)

허균 『궁궐 장식』(돌베개, 2011)

허균 『사료와 함께 새로 보는 경복궁』(한림미디어, 2005)

Giorgio Agamben, (tr) Patricia Dailey *The Time That Remains* (Stanford University Press, 2005)

曺德根 조덕근

　창녕 曺가 집성촌인 염곡동(염퉁골)이 경기도 광주군에서 서울시로 편입된 1963년에 태어나서 출신지가 경기도가 아닌 서울이 되었다. 숭실대학교와 대학원 국어국문학과에서 문학이론과 고전문학을 공부하고 총신대 신학대학원에서 신학을 닦은 후 강원도 강릉과 탄광촌 도계에서 목회활동을 하고 고향 염곡동으로 돌아와 고향의 염곡교회를 섬기고 있다. 한문과 우리 옛말로 된 한국문학 원전 텍스트 해석을 공부한 이래로 원전 텍스트 해석에 지속적인 관심을 가지고 성경 원어인 히브리어와 헬라어 학습을 계속하면서 새로운 성경해석을 시도하며 실천하던 중, 2004년에는 유대학 박사이자 동방 그리스도교학 박사인 이수민 선생님을 만나 수년간 시리아어와 콥트어, 아람어와 이들 언어로 된 문헌 읽기와 해석을 배우고 탈무드를 비롯한 유대문헌과 동방그리스도교 문헌을 원전으로 읽으면서 성경 텍스트 해석을 심화시키고 있다. 한국 역사와 문화 예술에도 많은 관심을 가지고 역사 텍스트의 문학적 읽기를 모색하고 있다. 텍스트를 해석하되 이론에 매몰당하거나 끌려 다니지 않고 읽는 이 각자의 해석이 있어야 한다는 신념을 시종 견지하면서 포괄적인 의미의 텍스트 해석에 종사하고 있는 셈이다. 이런 흐름 속에서 수원 화성(을 통한 정조)와의 만남을 통해서 한 도시와 건축 텍스트에 대한 종합적이고도 보편적인 해석과 읽기를 시도하게 되었다. 정조라는 신비롭기 까지 한 인물과 그가 세운 화성과 화성 행궁은 인류가 지향하고 다다르고자 하는 지점의 극한을 보여주고 있는 것으로 여겨져 여러 가지 해석학적 의미망 속에서 그 깊은 의미의 의미를 탐구하고 있는 중이다.

　　　　　　　* 다음 카페 〈정조/화성/화성행궁 텍스트 읽기〉
　　　　　　　　http://cafe.daum.net/Jung-Hwa-Haeng
　　　　　　　　　(cdkskykyh@hanmail.net)

서   명 정조 / 화성 / 행궁 text 읽기
초판인쇄 2017년 6월 26일
초판발행 2017년 7월 07일
저   자 조덕근
발 행 인 권호순
발 행 처 시간의물레
등   록 2004년 6월 5일
등록번호 제1-3148호
주   소 서울시 마포구 마포대로 4다길 3(1층)
전   화 02-3273-3867
팩   스 02-3273-3868
전자우편 timeofr@naver.com
블 로 그 http://blog.naver.com/mulretime
홈페이지 http://www.mulretime.com
I S B N 978-89-6511-189-4 (03810)
정   가 15,000원

* 이 책의 저작권은 저자에게 출판권은 시간의물레에 있습니다.
* 이 책에 수록된 사진 중 출처가 표시되지 않은 사진의 저작권은 저자에게 있습니다. 무단 사용을 금합니다.
* 잘못된 책은 바꿔드립니다.

국립중앙도서관 출판예정도서목록(CIP)

정조 / 화성 / 행궁 text 읽기 / 저자: 조덕근. -- 서울 : 시간의물레, 2017
    p. ;   cm

참고문헌 수록
ISBN 978-89-6511-189-4 03810 : ₩15000

정조
수원 화성[水原華城]

911.57-KDC6
951.9-DDC23   CIP2017015083